채용 트렌드
2022

채용 트렌드 2022

초판 1쇄 발행 2021년 11월 19일
초판 2쇄 발행 2022년 5월 13일

지은이 윤영돈
펴낸이 이범상
펴낸곳 (주)비전비엔피 · 비전코리아

기획 편집 이경원 차재호 김승희 김연희 고연경 박성아 최유진 김태은 박승연
디자인 최원영 이상재 한우리
마케팅 이성호 최은석 전상미 백지혜
전자책 김성화 김희정 이병준
관리 이다정

주소 우) 04034 서울특별시 마포구 잔다리로7길 12 (서교동)
전화 02) 338-2411 | **팩스** 02) 338-2413
홈페이지 www.visionbp.co.kr
인스타그램 www.instagram.com/visionbnp
포스트 post.naver.com/visioncorea
이메일 visioncorea@naver.com
원고투고 editor@visionbp.co.kr

등록번호 제313-2005-224호

ISBN 978-89-6322-184-7 13320

도서에 대한 소식과 콘텐츠를
받아보고 싶으신가요?

JOB TREND

MZ세대가 바꾸는 채용문화의 변화

채용트렌드 2022

윤영돈 지음

비전코리아

2022년 채용 트렌드의
지각변동에 대비하라!

채용에서 느낀 경험은 우리의 라이프사이클과 함께한다. 채용 공고를 보고 지원하기 위해 방문한 홈페이지에서 회사의 첫인상이 결정된다. 당신이 지원서를 쓰고, 서류전형과 면접전형에서 느낀 경험은 나중에 그 회사의 서비스나 제품을 구입할 때 고스란히 반영된다. 우리는 '물질'에 돈을 쓰는 것보다 '경험'에 돈을 쓸수록 만족도가 높아진다. 지원자의 경험이 소비자의 경험으로 연결되어 고용주 브랜드로 구체화할 뿐만 아니라, 다른 사람과 연결되어 평판이 형성된다. 채용 경험은 순간적이지만 지원자의 기억에 오래 남아 평생을 지배한다.

2022년 대한민국은 취업과 채용에서 이전에 경험해 보지 못한 세상을 느끼게 될 것이다. 우선 새로운 대통령 선거가 있고, 숫자 '2'가 세 번 겹치는 해이기도 하다. 2021년 채용 트렌드는 코로나19로 인해 '방식(method)'이 바뀌었다면, 2022년 채용 트렌드는 MZ

세대에 의해 '경험(experience)'이 변한다. 즉, 일하는 방식이나 기술에 초점을 맞췄다면, 이제 그 기술을 활용해 어떤 경험을 할 수 있는지로 이동해야 한다. 예를 들어 HR 담당자가 AI를 인력 채용에 적용하고자 할 때, 어떤 서비스가 존재하는지를 알아야 하고, 어떻게 적용할 수 있을지 고민하고, 어떠한 효과가 있는가를 측정해야 한다. 지원자가 회사에 들어와서 퇴사할 때까지 어떤 경험을 할 수 있는지 관점을 전환하는 것이다.

우리의 욕망은 새로운 경험을 만든다

코로나19는 수시채용, AI 면접, 밀레니얼 세대, 애자일 확산, 젠더 감수성 등 채용시장의 판을 바꾸었다. 《채용 트렌드 2020》은 '아무도 말해 주지 않는 채용시장의 새로운 흐름'이라는 부제를 달고 출간되었다. 4차 산업혁명, 장기 불황, 저출산, 고령화 등의 다양한 변화로 요동치는 국내외 동향을 비춰보며 2020년 채용 트렌드를 국내 최초로 전망한 것이었다. 《채용 트렌드 2021》은 상시채용, 비대면 채용, 화상면접, 랜선 박람회, 멀티커리어리즘, Z세대 채용전략, 프라이빗 이코노미 등 코로나19가 바꾼 일하는 방식의 변화를 소개했다.

국제통화기금(IMF)이 2021년 7월 27일에 발표한 '세계경제전망보고서'에 따르면 2021년 세계경제 성장률은 6.0%였다. 한국의 2020~2021년 평균 성장률(1.7%)도 선진국 그룹(0.5%)을 큰 폭으로 상회한다. 미국(1.8%)에 이어 두 번째로 높은 수준이다. 코로나19 충격에 따른 역성장의 기저 영향이 제거되면서 한국의 경제성장률은

2022년 3.4%(0.6%p)로 전망된다.

코로나19 백신 접종이 가속화되면서 2022년에는 채용시장도 회복될 기미가 보인다. 인크루트에 따르면 기업 규모별로 '채용 계획'을 살펴본 결과 대기업과 중견기업 10개 중 7개 업체(72.5%)가 신규 채용 계획을 확정했으며, 중소기업은 10개 중 4개 업체(48.3%)가 채용을 예정하고 있는 것으로 나타났다.

한국경제연구원이 리서치앤리서치에 의뢰하여 진행한 '2021년 주요 대기업 단체교섭 현황 및 노동현안 조사' 결과를 보면, 코로나19 이후 재택근무를 실시한 기업은 68.5%, 미실시 기업은 31.5%로 나타났다. 매출액 상위 600대 비금융기업 130개사의 인사·노무 담당자를 대상으로 응답을 받았다. 재택근무에 따른 업무 효율성을 묻는 질문에 대해서는 감소했다는 답변이 46.1%였으며 예전보다 높아졌다는 반응은 10.1%, 이전과 동일하다는 응답은 43.8%였다. 기존에는 연 2회 성과 보고를 하면 끝났지만, 재택·원격 근무에서는 일주일 단위로 성과 보고 횟수가 갑자기 늘어날 수 있다. 출퇴근 시간은 관여하지 않는 대신 업무 성과로 판단하겠다는 분위기가 강해진 것이다. 당신이 서 있는 일자리의 판이 급격하게 흔들리고 있다.

입장을 바꾸면 질문이 바뀐다

채용 비리와 불공정은 취준생들의 분노와 걱정으로 이어지는 채용 양극화의 주요 원인이기도 하다. 면접관의 갑질 행위와 채용 비리로 기업 이미지가 큰 타격을 입고 있는 상황에서 이제는 '리버스'

트렌드가 뜨고 있다. '리버스 인터뷰(Reverse Interview)'란 면접관과 지원자의 역할을 바꾼 역발상(逆發想)의 개념이다. 상대의 입장과 바꾸어 생각해보는 역지사지(易地思之)의 방식을 취하는 것이다. 우수한 실력의 지원자일수록 자신의 전문성을 살리고 성장할 수 있는 회사인지 거꾸로 면접을 보고 판단한다. 이제 면접관이 질문을 통해서 지원자를 알아보는 것보다는 지원자에게 어떤 질문을 해야 좋은 경험을 줄 수 있는지 설계해야 한다. 이런 태도는 상대방의 마음을 존중하는 배려심에서 나오는 것이기도 하다. 무조건 기존 방식을 따라가는 것이 아니라 상황에 따라서 뒤집기가 필요한 시점이다. 채용 현장에서 만나는 지원자들은 결국 기업의 내외부 고객이 될 사람들이다. 최근 기업 임원들이 90년대생 신입사원들을 멘토 삼아 밀레니얼 세대와 소통하는 '리버스 멘토링(Reverse Mentoring)' 프로그램을 실시하고 있는 것도 같은 맥락이다. '리버스 인터뷰'는 2022년 채용 트렌드를 관통하는 키워드가 될 전망이다.

채용에서 속도가 가장 중요하다

2022년 채용시장은 속도전이 될 전망이다. 앞으로 기업이 일하는 방식의 변화뿐만 아니라 디지털 트랜스포메이션으로 AI, 빅데이터, 메타버스 등 다양한 도구를 활용하면서 채용 속도도 가속화할 것이다. 채용은 규모와 시기만 다를 뿐 1년 내내 쉼 없이 돌아가야 하는 인사의 핵심 기능이다. 코로나19는 유능한 인재를 효율적으로 채용하기 위해 기업이 채용 과정을 가속화하도록 만들었다. 속도가 중요하다고 해서 모든 것을 실시간으로 처리하라는 것은 아니다. 수집된 대량의 데이터를 다양한 기법과 표현 기술로 분석해야 하는데, 이는 장기적이고 전략적인 차원에서 접근할 필요가 있다. 기업들이 코로나 팬데믹으로 재택근무를 확대하고 원격 채용 등으로 씨름하고 있는 중에, 로버트 하프 테크놀로지(Robert Half Technology)는 미국 내 2,800명의 고위 관리자를 대상으로 2021년 채용 및 연봉 트렌드를 설문조사하고 보고서를 발표했다. 설문조사에 참여한 고위 관리자의 44%는 팬데믹 때문에 채용 과정을 단축하게 되었다고 밝혔다.

기업들은 채용 과정을 빠르게 진행하면서 더 신속하게 인재를 확보할 뿐만 아니라 경쟁 기업에 빼앗길 확률도 낮아진다. 그 핵심은 원격면접으로의 전환이었다. 지원자나 후보자가 복잡한 채용 일정에 맞춰 이동할 필요가 없기 때문에 채용 담당자와 관리자가 면접 일정을 더 쉽게 조정할 수 있기 때문이다. 채용 담당자라면 인력 투입의 타이밍을 놓치지 않고 결과물을 빠르게 제시함으로써 인력이 필요한 곳에서 업무 진행에 차질을 빚지 않도록 해야 한다. 그것이 채용 담당자 본연의 역할이다.

지금은 미래를 위한 예측보다 신속한 행동이 더 필요한 시기다. 리모트워크로 기업의 일하는 방식이 변화할 뿐만 아니라 새롭게 뜨고 있는 오피스 프리도 가속화되고 있다. 비즈니스 환경이 급격하게 변화함에 따라서 기업들의 채용 방식도 달라질 것이다. 저렴한 비용으로 필요한 인재를 발굴하고 채용하는 '소셜 리크루팅'이 증가하고, 면접자와 면접관의 상황을 바꾼 리버스 인터뷰도 등장하고 있다. 디지털 전환기에 비즈니스 기회의 횟수보다는 질이 중요해지고 있기 때문에 딥택트 관점에서 핵심 인재를 어떻게 채용하느냐가 중요해질 전망이다. 또한 새로운 업무 기술 등을 학습해야 하는 상황에서 일과 학습의 균형을 맞추는 '워러밸(Work & Learning Balance)'의 중요성이 부각되고 있다. 이외에도 멀티커리어리즘에서 진화한 폴리매스형 인재와 직원 경험이 중요한 시대가 도래했으며, 초고령 사회에 진입하면서 시니어 시프트 현상에 주목해야 한다.

채용 트렌드 키워드를 발표한 지도 벌써 세 번째다. 그동안《채용 트렌드》를 통해서 이야기하고자 했던 화두는 사람을 뽑고 조직에 안착시키고 그들은 제대로 기르는 일에 대한 성찰이었다. 사람을 다루는 일이 단지 'HR(Human Resource, 人的資源)' 분야로 한정되지 않도록 하는 것이 중요해졌다. 사람은 쓰고 버리는 자원이 아니다. 채용의 중요성을 이야기하면서도 채용의 방향성에 대해 아무도 제안하는 분들이 없었던 시기에 채용 트렌드 집필을 시작했다. 지난 3년 동안 채용 관련 세미나와 포럼이 늘어나면서 관심도 높아졌고 이 책이 채용 담당자와 입사 지원자들에게 실제 채용 현장의 목소리를 전달하는 역할을 담당했다.《채용 트렌드 2022》에서는 전년도 10대 키워드를 다시 살펴보면서 새로운 10대 키워드를 제시하고 업종별 트렌드 전망으로 정리한다. 독자들이 남긴 채찍질과 당부, 응원 메시지가 아직도 또렷하게 마음속에 남아 있다. 이 책이 나오기까지 도움을 주신 분들께 감사의 마음을 전한다.

2022년 채용 트렌드는 어떻게 바뀔 것인가?《채용 트렌드 2022》를 읽다 보면 안목이 열릴 것이라 믿는다. 채용은 기업을 소개하는 과정이고 지원자에게는 자신을 세상에 알릴 수 있는 기회의

문이다. 우리에게 닥친 위기를 기회로 뒤집을 수 있는 것은 순간이다. 희망의 끈을 놓지 않고 적극적으로 미래를 개척하길 응원한다. 앞이 보이지 않는 어둠 속에서도 작은 촛불이 희망이 되듯이 미래의 일자리와 일터를 위해 경험을 쌓을 수 있기를 소망한다. 이 책에 소개하는 채용 트렌드 10가지 키워드를 지침으로 삼아 당신이 하는 일에 조금이나마 도움이 되길 진심으로 바란다.

2021년 11월

윤코치연구소장

윤영돈

참고문헌

· 기획재정부 국제금융국 국제통화팀, 〈국제통화기금(IMF) 세계경제전망(WEO) 수정 발표〉, 2021. 07. 27.

· 김성훈, 〈위드코로나 수혜주… 항공, 호텔, 레저, 엔터주(?)〉, 시사뉴스, 2021. 09. 07.

· 김영배, 〈코로나가 바꿨다!…주요 대기업 10곳 중 7곳 재택근무〉, 한겨레, 2021. 08. 29.

· 김현경 · 박이담, 〈백신 접종 속도 내자…항공 · 레저株 들썩〉, 헤럴드경제, 2021. 09. 15.

· 윤지원, 〈대면 서비스업 때린 거리두기…도소매 · 숙박업 취업자 20만 뚝〉, 매일경제 2021. 08. 11.

· 제이콥 모건, 《직원 경험》, 이담북스, 2020.

· Sarah K. White, 〈원격 일자리 증가 · 번아웃 완화 外…〉· 2021년 IT 채용 트렌드, CIO Korea, 2021. 04. 27.

part 1

Why

우리의 욕망이
새로운 경험을 만든다

'일하는 방식'이 아니라 '일하는 속도'가 빨라진다

·

고용시장 환경의 변화, 채용 트렌드의 흐름, 미래 일자리 창출 등 코로나19 팬데믹이 우리의 삶과 일을 재구조화하는 데 영향을 미치면서 기업들의 '일하는 방식'까지 바꾸었다. 이제는 채용에서 '일하는 속도'가 빨라지고 있다. 채용 트렌드를 알면 조직의 변화가 한눈에 들어오고 업무를 수행하는 방식이 달라질 수 있다. 급변하는 채용 트렌드를 숙지하고 취업 전략을 짤수록 합격률이 높아진다.

2022년에는 어느 때보다 일하는 속도가 빨라질 것이다. 2021년은 원격·재택 근무로 일하는 장소가 바뀌었고, 더 이상 면접을 미루기 어려워진 기업들은 온라인 적성검사, AI채용, 화상면접 등 비대면 방식으로 지원자를 만났다. 이제 기업의 생존 여부는 '디지털 혁신'에 달려 있다. 한 치 앞을 예측할 수 없는 지금, '일하는 속도'가 그 어느 때보다 중요하다.

일하는 속도는 방향이 올바를 때 시너지 효과가 일어난다. 비대면, 언택트 채용은 시간 및 비용 절감과 함께 구직자의 편의 증진에도 기여했다. 비대면 채용은 구직자를 대상으로 한 소통의 투명성과 적시성을 확보할 때 가능하다. 채용 트렌드는 단순히 인사 담당자만 알아야 하는 지식이 아니다. 넓게는 세상의 흐름을 읽고, 좁게는 일자리, 채용, 취업 등의 흐름을 어떻게 내 일과 삶에 적용할 수 있는지를 알 수 있다.

코로나19 팬데믹 상황에서 각 기업의 채용 규모는 줄어들고 있다. 기업이 어려울 때 쓸 수 있는 마지막 카드는 예정된 채용 계획을 보류하거나 기존 직원을 내보내는 것이다. 인구구조상 대졸자가 가장 많아 취업이 어려운 시기와 맞물리면서 채용시장은 꽁꽁 얼어

붙었다. 대규모 인력을 채용할 만큼 기업이 성장하지 못한 데다, 자동화 기술로 인력 수요마저 줄었다. 공채에서 수시채용으로 변하는 배경에는 각 기업마다 디지털 트랜스포메이션이 진행되면서 조직의 효율을 높이기 위해 업무의 재구조화가 가속화되고 있기 때문이다.

채용시장이 얼어붙은 것은 어제오늘 이야기가 아니다. 그렇다고 채용을 안 할 수는 없다. 채용 담당자도 마찬가지로 속도전에서 타이밍을 잘 잡아야 한다. 채용의 속도가 느리면 좋은 인재를 놓칠 수 있다. 수시·상시채용으로 바뀌면서 아무리 인재풀을 가동한다고 해도 일정 기간이 지나면 더 이상 유효하지 않은 과거의 정보가 된다. 채용이 느리다는 것은 결국 평균 수준의 지원자만 남게 된다는 것을 의미한다. 핵심 인재일수록 채용 과정이 늦어지면 다른 기업에 입사할 가능성이 높다. 채용의 속도를 높이면 그에 필요한 홍보 및 운영 비용이 더 들어갈 수 있다. 하지만 회사가 인력을 채용해야 하는 최적의 타이밍을 놓치지 않고 필요한 자리에 빠른 속도로 인력을 채우는 것만큼 중요한 것은 없다. 결국 최적의 인재를 최적의 타이밍에 뽑는 것도 성과이다. 그러기 위해서 채용 규모를 예측하고 타이밍을 잡아 속도를 내야 한다.

채용 트렌드 2021의 10가지 키워드 돌아보기

《채용 트렌드 2021》에서 제시한 10가지 키워드는 상시채용, 비대면 채용, 화상면접, 랜선 라이프, 워라인, 멀티커리어리즘, 젠지 세대, 헬릭스 경영, 프라이빗 이코노미, 시니어 노마드 등이었다. 10가지 키워드를 종합해보면 채용 트렌드를 관통하는 흐름은 바로 '일하는 방식'의 변화이다. 어디서 일하느냐보다 어떻게 일하는지가 더 중요하다. 공채가 사라지면서 수시채용 전성시대가 오고 상시채용이 등장하는 등 채용의 주기가 달라지고 있다. 점차 직접 만나서 뽑는 대면 방식에서 접촉하지 않고 접속하는 비대면 채용 문화로 변화하고 있다. AI면접에서 화상면접으로, 온라인 인적성검사에서 랜선 박람회, 일과 삶이 조화로운 워라하에서 일과 삶이 통합되는 워라인, 긱 워커에서 멀티커리어리즘 시대의 인디펜던트 워커, 밀레니얼 세대 채용에서 Z세대 채용 전략, 애자일 경영에서 헬릭스 경영, 프라이빗 이코노미, 앙코르 시니어에서 시니어 노마드로 변화하고 있다. 2021년 채용 트렌드는 개인의 일과 삶을 통합하면서 단순한 일자리를 넘어서 삶의 가치관까지 영향을 미치고 있다. 2021 채용 트렌드가 구체적으로 어떻게 진행되는지 살펴보자.

1) 채용의 주기가 달라지는 '상시채용'

2021년은 채용의 주기가 달라지면서 명실공히 공채의 종말을 선언한 해였다. 대기업이 눈치를 보면서 억지로 유지해 오던 공채제도는 이제 곧 역사 속으로 사라질 전망이다. '공채'가 사라지고 '수시채용'이 늘면서 '상시채용'도 등장했다. 1957년 삼성그룹이 대졸자 공채를 최초로 시행한 이래로 2019년 현대자동차그룹은 10대 그룹으로는 처음으로 공채 폐지 및 수시채용을 선언했다. LG는 64년 만에 정기 공채를 폐지하고 채용전환형 인턴제를 확대하였으며, KT는 40여 년 만에 공채를 폐지하고 6주의 인턴 기간을 거치는 수시 인턴제를 도입했다. 한화는 수시채용을 하고 있으며, SK그룹은 2022년 수시채용으로 전환할 예정이다.

일정한 시즌이 있는 채용과 시즌이 없는 채용은 다르다. 공채는 다수의 사람을 뽑다 보니 공개된 채용 정보도 많아서 준비하기가 수월했지만, 필요한 사람만 그때그때 뽑는 수시채용은 취업 준비가 항상 되어 있어야 한다. 선발 인원이 많지 않아 공채를 진행할 수 없으니 그룹에서 한꺼번에 채용하던 방식에서 계열사별로 필요한 만큼 뽑는 수시채용으로 전환된 것이다. 수시채용이 무조건 좋은 것은 아니다. 공채보다 입사 동기가 적으니 조직 충성도가 낮을 수 있다. 주요 그룹 가운데 삼성, 포스코, 농협, 신세계, CJ, GS 등만 대졸 정기 채용을 지속하고 있다. 현대모비스는 공채와 상시채용을 병행하는 '하이브리드형 채용'을 진행하고 사업부별 특성에 맞는 맞춤형 인재를 필요 시 채용하고 있다. 국내 기업의 채용 방식은 공채와 수시를 병행하는 '투 트랙(two track)'을 거쳐 상시채용으로 전환되고 있다.

2021년에는 상시채용이 확대되었다. 상시채용은 1년 내내 마감 기한 없이 우수 인력을 뽑는 제도로 실제 경력직에서 많이 사용되는 방식이다. 상시채용은 언제나 입사 지원이 가능하고 즉시 투입할 수 있는 인재를 원하므로 지원하고자 하는 직무에 대한 사전 지식이 필요하다. 직무 역량을 확실히 파악하고 기업별로 강조하는 역량이 무엇인지 알아야 한다. 지원자는 관심 있는 기업의 홈페이지를 주기적으로 확인하고 상시채용으로 인재풀 등록이 가능한 기업은 미리 등록해둔다.

잡코리아에서 상시채용을 진행하는 기업의 인사 담당자들에게 이미 지원한 이력이 있는 지원자가 다시 지원하는 경우 어떻게 평가하느냐는 설문조사를 했다. 지원 횟수가 평가 대상이 아니거나 긍정적으로 평가한다는 응답을 합산하면 무려 78.7%에 달했다. 재지원을 안 하는 것보다는 하는 쪽이 더 유리하다는 결과이다. 중복 지원자들의 이전 지원서도 참고하여 평가하는 만큼 세심한 주의가 요구된다. 지원자가 유의해야 하는 사항은 이전 지원서와 비교해 개선 사항을 충분히 어필해야 한다는 것이다.

상시채용의 단점은 언제 지원해야 하는지 막연하기 때문에 지원율이 낮을 수 있다는 것이다. 네이버, 카카오 등 IT 업계는 이미 상시채용을 통해 필요한 인력을 선발하고 있으며 주요 금융사들은 인공지능을 포함한 IT 인재를 확보하기 위해 상시채용을 적극적으로 활용하고 있다. 향후 필요한 인력을 사전에 계획하고 정해진 시점에 모든 부문의 신입사원을 일괄 채용하는 경우 실제 신입사원이 배치될 시점에는 경영 환경의 변화로 상황에 맞는 인력 확보가 어려운 경우도 많다.

수시ㆍ상시채용이 많아지면서 '공채 포비아'에 걸렸다고 하소연하는 사람들이 늘고 있다. '공채'와 공포증을 뜻하는 '포비아(phobia)'가 합쳐진 신조어이다. 공채가 무너지면 채용 규모가 적어질까 걱정하는 목소리도 있다. 무조건 지원하는 '묻지마 지원형'까지 늘어났다. 긴 안목으로 성급한 마음을 내려놓아야 한다. '공채의 종말'이라 하더라도 공채가 완전히 사라지지는 않을 것이다. 일정 부분 공채는 줄어들겠지만 수시채용과 상시채용으로 전환이 이루어지는 시기다. 이런 디지털 전환으로 2022년 채용 트렌드는 소셜 리크루팅이 더욱더 늘어날 전망이다.

2) 생태계의 변화, '비대면 채용'

2021년은 새로운 경제 질서가 재편되면서 '언택트 소사이어티 (Untact Society)'가 강화되었다. 접촉(contact)은 현실에서 사람과 사람을 연결하지만 비접촉(uncontact)은 작게는 물건을 사는 것부터 우리의 사회적 관계까지 바꾸고 있다. 정부 시책에 동참하면서 대면 채용 전형은 사실상 사라졌다. 과거에는 "인사가 만사"라며 상상도 못 했을 기업 채용마저 비대면으로 진행되는 분위기다. 결국 접촉 (contact)하지 않고 접속(Access)하는 것이다. 비대면 채용은 엄밀히 말하면 아예 접촉하지 않는 컨택트리스(contactless)로 가는 것이다. 온라인 입사 지원부터 온라인 적성검사, AI채용, 채용 상담 챗봇, 랜선 박람회, 원격 채용 등 코로나19에 대한 기업의 대응력이 생겼다는 반응이다. 기업의 채용도 2020년에는 신입 공채 일정을 잡지 못하면서 우왕좌왕하던 것이 2021년에는 '비대면 채용'으로 안정화되었다.

서울의 경우 '사회적 거리두기' 4단계로 격상됨에 따라 이동 자제를 권고하고 결혼식과 장례식은 국민 불편을 고려해 친족 포함 49명까지 허용했다. 1인 시위를 제외한 행사 및 집회를 금지하고, 종교시설은 비대면 예배만 가능하며, 사업장은 재택근무를 권고하고 있다. 통계청 경제활동인구조사 자료에 따르면 재택·원격 근무 근로자는 지난해 50만 3,000명으로 전년 동기 대비 5.3배 급증했다. 전체 임금근로자(2,044만 명)에서 재택근무자가 차지하는 비중도 1년 새 0.5%에서 2.5%로 늘었다. 코로나19로 대면 접촉을 꺼리는 사회 분위기가 형성된 것이 직접적인 원인이다. 일할 때 일하되 무리하게 관계를 맺기 싫어하는 MZ세대의 등장, 일과 가정의 양립을 중요하게 생각하는 문화 등이 강해지면서 코로나19가 끝나더라도 재택근무가 점차 확산될 전망이다.

삼성그룹이 공채를 시작한 이후 처음 삼성직무적성검사(GSAT, Global Samsung Aptitude Test)를 온라인으로 문제 없이 치르면서 채용시장에서 언택트 방식이 새로운 트렌드로 가속화되고 있다. 네이버의 자회사 라인플러스는 한국에서도 서류 접수부터 면접까지 100% 비대면 채용을 도입했다. 소프트웨어 부문의 신입사원 공채에서 코딩 테스트를 온라인으로 진행하고 모든 면접을 100% 원격으로 진행했다. 온라인 코딩 테스트에 합격한 지원자들을 대상으로 서류전형, 1차 면접, 최종 면접 모두 라인 그룹콜 등을 활용해 화상으로 이뤄졌다. SK텔레콤은 이동통신 업계 최초로 '언택트 채용'을 도입해 인재 영입에 나섰다. 온라인 채용설명회 'T커리어 캐스트'를 SK그룹 유튜브 채널에서 중계한 바 있다. 응시생들의 반응이 좋았기 때문에 올해도 긍정적으로 살펴보고 있다. SK이노베이션은 신입사원 모집에 상담용 챗봇(chatter robot)을 도입해서 스마트한 방식으로 지원자와의 소통을 강화했다. 당시 온라인 면접을 치른 응시생들 중에 '집'이라는 익숙한 공간에서 편안하게 화상면접을 볼수 있어 만족스러웠다는 반응도 있었다. 지원자들이 지방이나 해외에 거주해도 시간과 장소에 상관없이 면접에 응할 수 있고 이동이나 대기 시간도 줄일 수 있다.

　언택트 채용이 확산될수록 부작용도 있을 것이다. '언택트 소사이어티'는 양면성을 갖고 있다. 언택트 시대의 기술 발전과 달라진 세상에 마냥 감탄할 수만은 없는 상황이다. IT 기술이 발전한 만큼 어두운 측면도 강화되면서 새로운 유형의 범죄가 일어날 가능성이 크기 때문에 채용 부정행위를 사전에 방지해야 한다. 프로그래머 채용에서 코딩 테스트를 비대면으로 진행할 때 유사 코드를 검증하는 시스템을 통해 부정행위를 방지하고 있다. 취준생들은 인터넷 접속 오류, 에러 등 변수 발생 가능성으로 인해 노트북 등 기기 준비 및 시험 환경 세팅의 어려움을 호소했다. 언택트 디바이드(untact divide)란 언택트 기술이 늘어남에 따라 이에 적응하지 못하는 사람들이 불편을 겪는 것을 말한다. 기존의 인력을 줄일 수 있는 채용 솔루션을 통해서 관리가 편하고 비용 절감도 한몫 하고 있다. 언택트는 비용 절감이 되어 좋지만, 반대로 그만큼 채용 리스크가 있다는 점을 간과해서는 안 된다. 인공지능(AI), 증강현실(AR), 사물인터넷(IoT) 등 새로운 기술과 맞물리며 포스트코로나 시대에 우리의 삶은 '대면'과 '비대면'의 최적 조합을 찾아서 고객과 접점을 넓히는 '딥택트(deeptact)'로 재편될 전망이다.

3) 새로운 면접의 형태, '화상면접'

　2021년은 코로나19 확산으로 '사회적 거리두기'를 하면서 화상면접이 보편화되었다. 사실 화상면접의 확산은 채용 트렌드에서 이미 오래전부터 예견되었던 일이다. 최근 많은 기업들이 화상면접을 도입하고 있는 이유는 시공간의 제약을 넘어 면접자들의 감염 리스크를 최소화하고 채용 업무의 효율성을 높이며 인사 절차 비용을 절감할 수 있기 때문이다.

코로나19로 인해 국내도 줌, 웹엑스, 팀즈 등으로 화상면접을 실시하는 기업이 많아지고 있다. 지원자들은 회사마다 사용하는 프로그램이 다르기 때문에 미리 해당 애플리케이션을 설치해두고 리허설을 해보는 것이 좋다. 조건이 모두 같은 대면 면접과 달리 비대면 면접은 카메라의 위치, 장소 선정, 조명, 오디오 등으로 인상이 달라 보일 수 있다. 외국계 기업뿐만 아니라 국내 대기업은 물론 IT기업이나 중소기업도 화상으로 1차 면접을 실시하고 있다. 2020년에 현대자동차는 신입·경력 채용에 화상면접을 도입했고, CJ도 그룹 공채에서 웹캠을 통한 비대면 면접을 진행했으며, 대림도 화상통화로 면접을 진행했고, 카카오도 이미 2020년 상시채용 모두 화상면접을 진행했다.

LG전자는 온라인 화상면접과 온라인 인턴십을 함께 도입했다. 면접을 화상으로 진행하기 때문에 국가와 지역에 상관없이 지원 가능하다. 인턴십 대상자는 1개월간 멘토와 함께 프로젝트를 수행했다. 화상 오리엔테이션으로 멘토를 지정받고, 재택근무를 하되 온라인을 통해 정기적인 피드백을 받는다. SK는 '인택트' 면접이라는 새로운 채용 방식을 도입했다. 인택트는 '상호적인(interactive)'과 '비대면(untact)'을 합친 말이다. 현재 대부분의 언택트 면접이 일대일 방식이지만 SK텔레콤은 여러 명이 동시 참여할 수 있는 영상통화 솔루션을 자체 개발해 면접에 활용했다. 통상 일반 면접에서 진행되는 상호 토론 면접이 언택트 채용에서도 그대로 진행되는 셈이다. SK텔레콤의 인택트 면접에서는 지원자들을 4인 1조로 묶어 오전 9시부터 오후 6시까지 장시간 토론을 벌였고 면접관들이 이를 꼼꼼하게 체크했다. 대면 면접이 불가능한 상황에서 면접 대상자들을 심층적으로 파악하기 위한 조치로서 대면 면접과 거의 유사한 효과를 거둔 것으로 자평하고 있다.

신한은행의 경우 지원자는 온라인으로 접속해 질문에 대답하고 과제를 수행하는 인공지능 기반 역량 평가와 실무자 화상 면접을 거치며 온라인으로 시험을 본다. 미래에셋대우는 신입사원 1차 면접을 화상면접으로 진행하면서 2021년부터 비대면 원웨이(One-way) 영상 면접 과정을 도입했다. 지원자들이 전문 플랫폼을 이용해 사전에 제시된 질의에 답을 한 동영상을 업로드하는 방식이다. 전문 면접관들이 다각도로 평가해 지원자의 역량을 검증한다. 롯데그룹은 인적성검사(L-TAB) 합격자를 대상으로 온라인 화상 면접을 진행했다. 롯데건설은 사전 테스트를 진행해 화상면접에 대한 가이드를 제공하고 면접 대상자들의 장비와 네트워크 상태를 확인했다. 스마트폰에서 일대일 오픈 채팅방을 24시간 상시 운영해 화상면접이 생소할 수 있는 면접 대상자들의 문의 사항에 신속하게 응대했다. 롯데건설의 상반기 신입사원 채용 면접은 1일 차 PT면접, 영어면접, 2일 차 역량면접, 임원면접 순으로 모든 전형을 화상면접으로 진행했다. 화상면접 실시 후 만족도 조사 결과 84%가 만족한다고 응답했다.

남부발전은 비대면 채용을 위해 규정 개정과 온라인 면접 툴 개발, 사전 시뮬레이션, 면접 키트 제작, 진행 요원 및 면접관 사전 교육 등을 시행했다. 온라인 예비소집을 진행하고 사전 점검에서 발견된 오류를 예방하기 위해 온라인 면접 매뉴얼과 함께 면접용 블루투스 이어폰이 포함된 면접 키트를 발송하는 등 만반의 준비를 마쳤다. 면접은 온라인 프로그램을 통해 1명의 지원자가 3명의 면접관에게 평가받는 방식으로 진행됐다. 지원자는 본인의 스마트폰을 활용해 면접에 응시했으며 면접관은 지원자가 사전에 올려놓은 자기소개 영상을 평가(비중 40%)하고 화상 연결을 통한 질의응답(비중 60%)으로 지원자에 대한 심사를 진행했다.

하지만 모든 면접이 당장 화상면접으로 대체되는 것은 아니다. 최종 면접은 아직도 면대면으로 진행해야 한다는 인식이 남아 있기 때문에 전부 화상면접으로 전환하기는 쉽지 않다. 내외부적인 요인으로 화상면접에 대한 인식이 점차 개선되면서 데이터 확보와 기술의 진보가 꾸준히 이루어지고 있는 만큼 화상면접의 신뢰도가 점점 더 높아질 전망이다. 면접의 신뢰도가 높아지면 지원자 입장에서 면접이 좋은 경험이 되도록 역면접 방향으로 인식이 변화될 것으로 예상된다.

4) 채용도 랜선으로 뽑는 '랜선 라이프'

코로나19가 장기화되면서 '랜선 라이프'가 또 하나의 새로운 문화로 자리 잡고 있다. 실시간 스트리밍 '랜선 라이브'로 지켜보면서 오프라인 공연의 갈증을 달래고 있다. 방탄소년단(BTS)의 온라인 콘서트 '방방콘 더 라이브(BANGBANGCON The Live)'는 한국어, 영어, 일본어, 중국어 자막까지 제공하며 전 세계 관객 75만 6,600명이 모였다. KBS 추석 특집 〈2020 한가위 대기획 대한민국 어게인 나훈아〉 콘서트는 15년 만의 방송 출연인 데다 현장에 관객이 없는 '언택트 콘서트'로 닐슨코리아에서 조사한 시청률이 무려 29%였다. 이제 청소년에서 시니어까지 바야흐로 랜선 라이프 시대로 접어들었다.

2021년 채용시장에도 랜선 바람이 불고 있다. 이른바 '랜선 박람회'가 새롭게 등장했다. 기업은 신규 채용 시 지원자의 입장을 고려해 '랜선'을 채택할 수밖에 없다. 랜선 박람회의 이점은 채용이 신속하고, 지리적, 경제적 비용을 줄일 수 있다는 것이다.

삼성SDI는 '랜선 리크루팅'이라는 이름의 온라인 상담을 진행하고, 입사를 희망하는 취준생들에게 도움이 되는 '랜선 리크루팅' 영상도 선보였다. SK그룹은 유튜브 채널 SK커리어스 페어에서 채용 박람회를 진행했다. SK하이닉스부터 SK이노베이션, SK브로드밴드, SK텔레콤, SK매직, SK주식회사 C&C 등 6개 사의 채용 정보를 담았다. '1년 만에 돌아온 SK하이닉스 랜선 멘토들!' 등을 통해 자기소개서와 채용 정보를 안내하고 있다. 외국의 버추얼 잡페어처럼 '랜선 채용박람회'가 점차 보편화될 전망이다.

SK텔레콤은 20대 청춘을 대상으로 5G 기술을 이용해 인생 선배와 삶의 고민을 함께 나누는 소통 중심 토크 콘서트 '선배 박람회'를 실시했다. '선배 박람회'에는 통역사 겸 방송인 안현모, 《죽고 싶지만 떡볶이는 먹고 싶어》의 작가 백세희, 가수 출신 드라마 프로듀서 이재문 등 다양한 분야에서 활약 중인 7명의 인생 선배가 20

대 청년들의 고민을 함께 나눴다. 선배 1명과 20대 청춘 10명이 SK텔레콤의 초고화질 그룹 영상통화 서비스 '미더스(MeetUs)'를 이용해 청춘이 겪고 있는 다양한 고민을 나누는 방식으로 진행된다. 진정성 있는 대화를 위해 행사에 참여하는 선배가 신청자의 사연을 직접 읽고 참가자를 선발한다. '선배 박람회'는 유튜브에 선배와 후배들이 이야기를 나눈 과정을 편집해 올린다.

쿠팡은 신입 개발자 채용을 위한 '온라인 테크 캠퍼스 리크루팅'을 실시하고 입사 지원부터 면접까지 모든 과정을 랜선으로 진행했다. 채용 전형은 2가지 단계로 서류에 합격한 이들은 온라인 코딩 테스트를 거쳐 라이브 코딩을 포함한 인터뷰를 진행했다. 테크 캠퍼스 리크루팅을 통해 입사한 신입 개발자들은 입문 과정을 거쳐 각 분야에 배치되었다.

'금융권 공동 채용박람회(www.fjf.co.kr)'는 은행 · 보험 · 증권 · 카드 · 금융공기업 · 협회 등 전 금융권의 53개 기관이 참여하였고, 개막식부터 기업별 채용설명회까지 약 7시간 동안 인터넷으로 생중계하는 온라인 채용정보관, 라이브 채용설명회, 현직자 토크 콘서트, 비대면 면접 등 4가지로 구성된 랜선 박람회로 탈바꿈했다. 서울시는 서울형 뉴딜 일자리 온라인 채용박람회(newdealjob2020. com)를 통해 화상면접으로 비대면 채용을 진행했고, AI면접, AI 자소서 컨설팅, AI 기업 매칭, MBTI 강의 등 다양한 부대행사도 진행했다.

글로벌 기업 입사를 꿈꾸는 청년들을 위한 랜선 박람회도 개최되었다. '잡코리아 청년 비대면 잡페어(Job Fair)'는 아마존, 지멘스헬 시니어스, 한국필립모리스, BAT코리아, 한국HP 등 20여 개 글로벌 기업에서 사전 면접 제안도 받았다. 이공계 인재의 채용 지원을 위한 '2020 청년 과학기술인 일자리박람회(https://jobfair.rndjob.or.kr/about1)'는 3주간 온라인 박람회를 통하여 채용 절차가 진행되었으며 비대면 채용 지원과 실질적 채용 연계 효과를 높이기 위한 프로그램으로 구성되었다.

랜선 채용박람회는 준비 없이 들어가면 안 된다. 마지막 순간에 몰리면 들어가지 못할 수도 있으니 미리 사전 등록을 해야 한다. 랜선 박람회에서 고용주와 이야기를 나누려면 카메라 기능이 중요하다. 가상공간에서 하루 종일 이야기하는 것은 효율적이지 않다. 랜선 박람회의 최대 참여 시간은 1시간 30분이다. 스마트폰으로 랜선 박람회에 들어가면 카메라 흔들림 현상이 있을 수도 있으니 노트북이나 PC를 사용한다. 조용한 공간이 좋고 헤드셋이나 이어폰을 사용해야 잡음 없이 경청할 수 있다. 복장도 트레이닝복보다 셔츠와 정장을 착용한다.

포스트코로나 시대에는 새로운 가상현실 기술과 맞물리면서 더욱 강화된 '메타버스(Metaverse) 박람회'로 진화될 전망이다.

5) 직장과 가정이 통합되는 '워라인'

2021년 채용시장은 코로나19 확산 방지를 위해 재택근무를 권고하는 회사가 늘어나면서 일과 삶을 통합하는 '워라인(Work & Life Integration)'이 핫트렌드였다. '얼굴을 보고 일한다'는 관행은 이제 완전히 뒤집혔다. 실제로 원격수업, 원격회의 등 신속하고 저렴한 양

질의 리모트워크를 해보니 어떤 일을 할지 제대로 정하기만 하면 집에서도 충분히 가능하다는 것을 알게 되었다. 2020년 채용 트렌드는 일과 삶이 조화를 이루는 '워라하(Work & Life Harmony)'였다. 이전에는 일과 삶의 균형을 중요시하는 '워라밸(Work & Life Balance)'이 대세였다. 워라밸은 일과 사생활을 이분법으로 나누고 시간적 제약 때문에 대립하는 관계로 보는 경쟁자 관점이라면, 워라인은 일과 사생활을 상호 보완적인 관계로 보는 것이다. 가정에서 행복한 에너지가 직장으로 연결된다는 관점이다. '워라인'이란 집과 근무지가 더 이상 분리되지 않는 상태로, 펜실베이니아 대학교 와튼스쿨의 스튜어트 프리드먼 교수가 일과 삶의 통합을 위해 주창했다.

코로나19를 계기로 국내 기업들은 재택근무, 자율출근 등 비대면을 바탕으로 한 새로운 근무 형태를 추진하고 있다. 삼성, 현대자동차, SK, LG, 롯데 등 국내 주요 대기업들은 일제히 사회적 거리두기 동참 차원에서 재택근무를 도입했다. 코로나19발(發) 재택근무 열차는 고속으로 달리기 시작했다. 어떤 이들은 심리적인 긴장감을 높이기 위해 집에서도 정장을 입고 컴퓨터가 있는 방으로 출근하고, 어떤 이들은 화상회의를 할 때는 옷을 반드시 갈아입는다고 한다. 예전처럼 반드시 회사에 출근해서 일해야 한다는 인식이 바뀌고 있다. 서로를 믿으면서 일하되 결과에 대한 책임을 모두 지는 것이다. 책임감은 결국 투명한 정보 공개에서 나온다.

침대에서 책상으로 출근하는 시대가 도래했다. 코로나19로 재택근무가 불가피해지면서 일과 삶을 더 반드시 이상 수 없는 현실이 도래했다. 코로나19의 확산과 대응 과정에서 어린이집과 유치원의 휴원, 각급 학교의 휴교로 인한 돌봄 공백과 '사회적 거리두기' 때문에 반강제적으로 시작된 재택·원격 근무가 어느새 익숙해졌다. 코로나19 이전에는 IT업계나 외국계 기업에서만 이뤄지던 재택근무가 국내의 대기업과 중소기업까지 확산되었다. 일하기 위해서는 회사로 '출근해야 한다'는 고정관념이 깨지고 있다. 화상회의로 팀원들이 각자 업무 계획을 공유하면서 스킨십 리더십보다 리모트 리더십이 부각되고 있다. 톱다운 방식(top-down approach)의 명령에서 벗어나고 있는 것이다. 무엇을 할 것인가(doing)보다 구성원의 존재(being)를 인정하는 것이 중요하다. 이것은 애자일 문화로, 일에 대한 절차보다 어떤 경험을 하고 있느냐, 즉 결과보다 과정에 의미를 둔다.

리모트워크는 우리의 일과 삶을 통합하고 있다. 국내 기업들도 오피스 프리를 선언하기 시작했다. 네이버 자회사 NHN 토스트는 개발자의 근무 특성과 업무 효율을 고려해 '오피스 프리' 제도를 도입했다. 매주 월요일과 목요일만 4시간씩 회사에서 근무하는 제도다. 경쟁 업체보다 매력적인 근무 환경을 앞세워 IT 인재를 끌어들이겠다는 전략이다. 본사 판교와 서울 간 장거리 출퇴근으로 힘들어하는 개발자가 많았는데 파격적인 원격근무 도입에 육아 등으로 일을 그만둔 여성 개발자도 채용이 가능해졌다고 한다.

리모트워크라는 개념이 처음 나온 지 10년이 넘었지만 코로나19 사태로 빠르게 현실화되고 있다. 거점 오피스는 지난 2010년 KT가 '스마트워크'라는 이름으로 추진했으나, 당시 정보통신 업계의 비대면에 대한 이해 부족으로 2014년 초 관련 사업을 중단한 바 있다. 아무리 기술이 빨리 개발되더라도 그 기술을 사용하는 사람의 의식이 변하지 않으면 소용없다. 기업 입장에서는 비용 절감 문제도 있는 만큼 코로나19 이후에 기존 대규모 오피스 문화는 빠르게 변화할 수밖에 없다.

비대면으로 채용하고 온보딩을 해야 하는 조직문화에서 '어떻게 일(Work)과 학습(Learning)의 균형을 맞추느냐'에 따른 '워러밸' 시대가 도래할 전망이다.

6) 부캐를 넘어 여러 직업의 시대가 오는 '멀티커리어리즘'

2021년은 '멀티커리어리즘' 시대였다. 밀레니얼 세대는 멀티플레이에 능하다. 이들은 기존 세대와 다르게 자신을 한 회사의 경력과 동일시하지 않는다. 그들은 회사를 위해 일하는 것이 아니라 자발적으로 프로젝트를 만든다. 멀티커리어리즘은 하나의 직업에 얽매이지 않고 다양한 사회활동으로 자아를 실현하고자 하는 현상을 의미한다.

하나의 커리어로만 일하는 시대는 지났다. 최근 '부캐' 열풍이 불고 있다. '부캐'란 '부(副)캐릭터'의 준말로 원래 모습이 아닌 다른 캐릭터를 의미한다. 유재석은 한 프로그램을 통해 유산슬로 시작해서 닭터유, 유두래곤, 지미유 등으로 부캐를 늘렸다. '본(本)캐'란 원래 '온라인 게임을 처음 시작할 때부터 키우던 캐릭터'를 말한다. 최근에는 다수의 캐릭터를 키우는 게이머들이 늘어나 '다캐릭터증후군'도 등장했다. '본캐' 하나로만 살기에는 불안한 시대이기 때문에 저마다 '부캐'를 늘리고 있는 것이다.

밀레니얼 세대는 그저 자신이 '1루수'이거나 '3루수'라고 불리고 싶지 않다. 그들은 '야구선수'라 불리고 싶은 것이다. 멀티커리어리즘은 단순히 포지션 플레이어가 아니다. 그들은 단지 1루수나 3루수만 역할을 바꾸는 것이 아니라 야구선수로서 1루수, 2루수, 3루수, 좌익수, 우익수 등 여러 역할을 바꿀 수 있는 자유를 중요시한다. 미국 데브리 대학과 해리스 여론조사소(HarrisInteractive)에 따르면, 미국인 4명 중 1명(22%)이 전문직에 종사하는 동안 6개 이상의 회사에서 일하는 것으로 나타났다. 그리고 28%는 그들의 경력 기간 동안 3명 미만의 고용주를 위해 일하고 있다. 일과 삶의 우선순위를 바꾸고 직업에 대한 재정의를 내리고 있는 것이다. 밀레니얼 세대들은 그들의 정체성을 한 회사나 경력에 고정하지 않는다.

재능 공유 플랫폼 사용자들이 급속도로 늘고 있다. 크몽, 탈잉, 클래스101, 숨고 등 코로나19 확산이 시작된 이후 '월간 순 이용자 수'가 전년 동기 대비 각각 30~100% 이상 증가하면서 거래금액도 증가세다. 피아노 레슨, 홈트레이닝 등 단순 재능 거래는 1만 원대에서 10만 원대 단위로 거래되고 있지만 IT 앱 개발 같은 전문 영역으로 넘어가면 건당 3억 원 이상 거래가 성사된 사례도 있다. 기존에는 성인이 된 후 영어, 요리, 악기 등을 배우려면 유명 강사를 찾기 위해 발품을 많이 팔아야 했는데, 이제는 저렴한 금액에 배울 수 있는 플랫폼이 생긴 것이다. 크몽은 블로그 디자인, 홈페이지 제작, PPT 작성 등 비즈니스 전문 노하우를 거래하고, 숨고는 인테리어, 꽃꽂이 등 홈서비스, 클래스101은 온라인 수업 노하우, 탈잉은 바쁜 직장인이나 학생들이 빠르게 자신이 원하는 것을 배울 수 있는 '원데이 클래스'가 강점이다.

멀티커리어리즘 시대에는 '인디펜던트 워커(independent worker)'로서 다양한 커리어를 쌓을 수밖에 없다. '긱 워커'가 필요에 따라 임시직으로 고용하는 것을 일컫는 용어라면 '인디펜던트 워커'는 혼자 독립해서 일하는 '노동 주체'라는 의미에 방점이 찍힌다. 1인 다직종(多職種) 시대의 출현으로 일의 종류에 따라 돌아다니거나 매일매일 다른 직장에 출근하고 일정한 소속 없이 자유롭게 일하는 인디펜던트 워커로 성장하는 것이다.

클라우드 펀딩과 같은 서비스 플랫폼이 등장하면서 콘텐츠가 수익 창출로 이어질 수 있도록 자신의 실력을 키우는 사람들도 점점 많아지고 있다. 이때 시간적 제약, 공간적 제약 없이 아무 때나 수입이 발생한다. 회사를 다니면서 부업을 하는 사람들이 늘어나고 있다. 평생직장이 끝나고 이제 평생직업으로 생애 설계가 중요하다. 단순히 직장 생활만 하다 보면 어느새 밀려나는 세대가 된다. 인디워커(indie-worker) 이야기에서 빠지지 않는 것이 바로 패시브 인컴(passive income)이다. '패시브 인컴'이란 자산가들처럼 잠을 자는 동안에도 늘어나는 소득, 지속적이고 안정적인 수입 구조를 말한다. 인디워커는 독립적으로 자유롭게 일할 수 있는 사람이다. 컨택트가 사라진 세상에 남는 것은 간판보다 결국 실력이다.

멀티커리어리즘은 한 우물만 파는 것이 아니라 레오나르도 다빈치처럼 다재다능한 '폴리매스(Polymath)형 인재'가 인정받는 토대가 된다. 2022년에는 '폴리매스형 인재'가 각각의 분야를 넘나들며 경계를 허물고 연결을 통해 시대를 이끌어갈 전망이다.

7) 채용시장에 등장하는 디지털 네이티브, 'Z세대'

디지털 네이티브는 기성세대와 다르게 브랜드나 명성에 좌우되지 않고 소비하는 최초의 세대다. Z세대를 지칭하는 다른 말로는 젠지(Gen.Z), 아이제너레이션(iGeneration), 포스트밀레니얼(Post-Millennials), 홈랜드 세대(Homeland Generation) 등이 있다. 이제 당돌한 Z세대가 신입사원으로 등장했다. 금융위기 시기에 등장한 '밀레니얼 세대'처럼 코로나19 시기에는 Z세대가 회사에 로그인한다. 디지털 네이티브로 불리는 그들은 디지털 환경에 가장 잘 적응하는 집단이다. 밀레니얼 이전 세대보다 더 직접적으로 질문한다는 점에서 놀랍다. Z세대 신입사원에게 "회사에 대해 궁금하거나 알고 싶은 것이 있나요?"라고 물으면 "제가 이 회사에서 무엇을 배울 수 있습니까?"라고 당돌하게 되묻는 경우가 많다. 이들은 이전의 밀레니얼 세대와도 다르다.

Z세대에게 직장은 '정착지'가 아니라 '경유지'다. 그들의 머릿속에는 '조직의 충성심', '팀을 위한 희생', '평생직장'이란 단어가 아예 없다. Z세대를 안착시키기 위해서 온보딩(on boarding)으로 궁합을 맞춰봐야 한다. 신입사원이 잘 안착할 수 있도록 도와주는 환경이 중요하다. 실제로 한 조사에서 구조화된 온보딩 프로그램을 거친 신입사원은 3년 후 조직에 있을 가능성이 58% 더 높았다.

카카오페이는 2017년 4월부터 매월 '온보딩 프로그램'을 운영 중이다. 카카오페이에 새로 입사한 직원들이 회사 조직과 분위기, 업무 등에 빠르게 적응하기 위한 일종의 '신입생 환영' 프로그램이다. 대표부터 경영진 전원과 서비스 및 보안 담당 실무자 등 18

명이 돌아가면서 직접 강연자로 나서서 회사의 비전 등에 관해 설명한다. 입사 첫날 신규 입사자들에게 카카오페이의 개성이 드러나는 '온보딩 키트'를 나눠준다. 키트 속에는 펜과 머그잔 같은 실용적인 선물과 책상용 이름표 등이 들어 있다. 카카오페이의 고유색(노란색)과 브랜드 아이덴티티 등을 담아 디자인한 온보딩 키트는 독일 iF 디자인 어워드의 커뮤니케이션 부문에서 수상하기도 했다.

채용시장에서 토스(Toss)의 인지도가 높아진 이유는 토스피드(https://blog.toss.im)에 있다. 토스피드에 토스팀에서 일하는 이야기들이 콘텐츠로 자세히 소개되면서 고용 브랜드가 올라간 것이다. 채용에 대한 오해나 루머에 정면 돌파하는 재미있는 콘텐츠들을 만들기도 했다. 이렇게 커뮤니케이션팀과 긴밀한 협업 과정을 통해 토스를 바라보는 인식을 하나씩 개선할 수 있었다. 게다가 '에코 시스템(Eco System)'으로 10일 이내 단기간 인재 영입 프로세스 가동 및 온보딩 지원이 가능하다. 입사 첫날 '우리는 역사를 만들기 위해 여기에 왔다(We're here to make history)'는 문구가 적힌 '웰컴 백(Welcome Bag)', 토스 로고가 새겨진 문구용품, 칫솔, 안마봉 등 입사 선물을 제공한다. 그리고 회사 대표가 해당 월에 입사한 직원들을 대상으로 매달 한 번 '토스의 존재 이유', '일하는 방식', '조직문화' 등 6시간에 걸친 토론과 강의를 실시한다. 또한 팀 목표·전략, 제도, 핵심 가치 등을 주제로 입사 사원에게 향후 수행해야 할 30가지 미션을 이메일로 송부해 '자기주도 학습 및 실천'을 수행한다.

Z세대는 기성세대의 말을 잘 믿지 않고 검색으로 철저하게 검증한다. '플렉스(flex, '과시한다'는 뜻의 Z세대 은어)'는 요즘 Z세대를 잘 반영

한 유행어다. 이들은 온라인 쇼핑으로 '깨알같이' 가격, 품질을 비교해가며 가성비를 따지지만 자신을 과시할 수 있는 명품 브랜드는 고민 없이 척척 산다. Z세대를 이해하기 위해서는 우선 그들의 행동을 살펴보고 그 배경을 알아야 한다. Z세대에게 최고의 동기부여는 '너희가 하고 싶은 일을 여기서 하면 된다'는 것이다. 특히 Z세대에게는 조직의 소모품으로 쓰이고 있다는 느낌이 들게 해서는 안 된다. 물론 입사하자마자 중요한 일을 맡고, 늘 하고 싶은 일만 할수는 없다. 하지만 Z세대 직원이 현재 맡은 업무를 그가 앞으로 '하고 싶어 하는 일'과 연결되도록 돕고, 어떤 일을 하는 이유를 상세하게 설명해주는 것이 중요하다. 무조건 하라고 명령하는 것이 아니라 업무를 왜 해야 하는지를 이해시키는 방향으로 리드한다면 Z세대는 자신의 역량을 발휘할 것이다. 인재란 단기적 관점에서는 비즈니스 성패를 좌우하고, 장기적 관점에서는 기업의 미래를 결정하는 중요한 요소이다. 업무가 바쁘다 보면 오리엔테이션 프로그램을 미루는 경우가 꽤 있다. 공채일 경우에는 단체 오리엔테이션 프로그램을 한꺼번에 진행하였으나 수시채용은 개별로 진행하는 데 어려움이 있다.

Z세대는 금융위기 전후에 태어나 대학 졸업을 목전에 두고 코로나19로 인해 극심한 취업난에 시달리고 있다. 사회생활을 시작할 때의 경험은 오랜 시간 동안 영향을 준다. 사회 초년생인 Z세대는 코로나19가 남긴 흔적을 평생 안고 살아갈 전망이다.

8) 애자일의 새판 짜기, '헬릭스 경영'

"요즘 애자일이 화젯거리인데, 우리 채용에도 적용해볼까?"

비대면 시대에는 일하는 방식이 변한다. 코로나19 이후 기업들은 전 세계적 지각변동에 맞춰 발 빠르게 신시장을 선점하기 위해 '애자일 경영'을 도입하고 있다. 디지털 트랜스포메이션으로 산업 간의 경계가 무너지면서 비즈니스의 불확실성이 한층 높아지고 있기 때문이다. 2021년에는 '헬릭스 경영'으로 변화되고 있다. 그렇다면 왜 '헬릭스(Helix)'라는 용어가 중요해진 걸까? 최근 코로나19를 통해서 많은 한국 기업들이 부서 간의 경계를 허물고 비대면 시대에 적극 대응하고 있다. 지금은 속전속결 시대다. '헬릭스 경영'이란 말 그대로 '나선형'이라는 의미로 기존 애자일 방식의 업그레이드 버전이라고 생각하면 된다. 하지만 헬릭스 경영이 완전히 애자일을 대체하는 것은 아니다. 헬릭스는 애자일 조직의 변화를 도와주는 촉진제와 같다.

2021년 국내 기업들의 경영 화두가 애자일·헬릭스 경영으로 전환되고 있다. 토스 간편송금 서비스를 운영하는 비바리퍼블리카는 국내 최초로 헬릭스 경영을 도입했다. 물론 아직 애자일 경영이 더 대세라고 볼 수 있다. 삼성, LG, SK, 현대자동차, 롯데, KT 등은 애자일 경영을 도입했거나 도입할 예정이다. 네이버, 카카오와 같은 거대 IT 기업들이 잇달아 금융업에 진출하면서 은행 등 전통 금융권의 긴장감이 높아지고 있다. 우리은행도 'DT(Digital Transformation) 추진단', '인공지능(AI) 사업부'를 신설했고, 조직 개편을 실시하면서 애자일 조직체계를 도입했다. 부서와 팀의 중간 형태인 ACT(Agile Core Team) 조직체계를 신설해 새로운 사업 기회를 발굴하고 추진하기 위한 특공대 역할을 맡기기로 했다. 2021년 7월 오렌지라이프와 통합법인으로 출범한 '신한라이프'도 애자일 방식을 적용한 고객전략그룹을 신설해 부서 간 경계를 없애고 소규모 팀을 구성해 업무를 수행하고 있다. 하나손해보험도 조직 개편을 단행했으며 디지털본부에 디지털전략팀, 디지털추진팀 등 프로젝트별 '애자일 스쿼드(Agile Squad)'를 운영하고 있다. 앞으로는 고객 욕구를 빠르게 파악하고 실시간으로 제품에 반영하는 애자일 경영을 도입한 기업만이 살아남는 시대가 올 것이다.

헬릭스 경영이 애자일 경영과 다른 점은 바로 리더가 여러 명이라는 것이다. 헬릭스 조직은 리더가 복수 이상으로 직원 관리 부담이 줄어든다. 다양한 직무를 거치지 않은 리더는 전문성이 떨어져서 의사 결정을 늦추는 경향이 있다. 기존 애자일 경영은 리더 한 명에게 권한과 책임이 집중되다 보니 리더가 잘 모르는 분야의 업무는 제대로 관리되지 않는 사례가 많았다. 반면 헬릭스 경영구조에서는 리더 여러 명이 애자일 팀을 함께 운영하므로 한 사람이 모든 것을 파악하지 않아도 된다. 단, 팀원이 한 가지 사안을 여러 명에게 보고하는 등 비효율적인 업무에 시간을 낭비하지 않도록 조정해야 한다. 리더 간 의견 조율에 많은 시간이 필요하지 않도록 각 리더의 권한과 책임을 명확하게 나누는 것도 필수다. 채용 방식도 AI채용, 온라인 인적성검사, 화상면접, 코딩 인터뷰 등 비대면으로 바뀌면서 더욱더 빠르게 재편되고 있다.

기업은 빠르게 질문 방법을 바꾸고 있다. "불확실한 세상에 어떻게 살아남을 것인가?"에서 "어떻게 경쟁력을 확보할 것인가?"로 변하고 있다. 애자일·헬릭스 경영이 이제 조직의 체질을 변화시키고 있다. 채용, 평가, 보상, 승진, 교육 기획, 교육 운영, 교육 평가 등의 HR 관리에서 기존의 정형화된 관행에 얽매일 이유는 없다.

9) 개인 취향의 시대, '프라이빗 이코노미'

2021년은 개인 취향이 강화되는 '프라이빗 이코노미' 시대였다. 불특정 다수'가 아닌 '우리끼리'로 소수의 모임이 중요해졌다. 코로나19로 인한 불안과 공포는 우리에게 일상의 소중함을 일깨워주었다. 사회적 거리두기가 장기화되면서 타인과의 접촉이 적은 프라이빗한 모임이 트렌드로 자리 잡은 것이다. 소수 고객을 대상으로 하는 맞춤 서비스와 예약제 운영, 공용공간 축소, 개인이나 소수가 이용할 수 있는 공간 제공 등 차별화한 운영 방식이 확대되고 있다. 각자의 취향과 개성에 따라 소수의 인간관계를 유지하는 소비가 확산되어 온 것이다. 우리의 미래는 사회 전반에 흐르는 거대한 기류가 아니라 소수의 작은 집단들 속에서 조용히 일어나는 변화에서 비롯된다.

페이스북 창업자 마크 저커버그는 '디지털 광장(town square)'에서, '집 안 거실(house living room)'에서 "사적으로 연결되고픈 사람들을 위한 서비스를 만들겠다"고 말했다. 그는 "현재의 공개된 플랫폼보다 프라이버시 위주의 소통 플랫폼이 훨씬 더 중요해질 것이라고 믿는다"며 프라이빗 공간이 중요해지고 있음을 강조했다.

프라이빗 이코노미가 '랜선 문화'의 반대급부로 나타난 현상이라는 분석도 있다. 랜선으로는 의사 표시를 하기 힘든 사람들이 뒤풀이에서 취향이 맞는 이들끼리 모이는 소모임을 통해 근심을 풀어주는 해우소(解憂所) 역할을 한다는 것이다. 마스크를 쓰고 보낸 지난 2년이 우리에게 안전의 욕망을 키워왔고, 앞으로는 프라이빗 이코노미가 더욱더 중요해질 전망이다.

"정말 만나보시겠어요?"

"아임 데들리 시리어스(I'm deadly serious), 믿는 사람 소개로 연결 연결, 이게 베스트인 거 같아요. 일종의 뭐랄까, 믿음의 벨트?"

영화 〈기생충〉에서 자신을 미국 일리노이 주립대학교 출신 미술학도라고 속인 박소담과 이를 믿는 집주인 조여정이 주고받는 대화다. 이처럼 앞으로는 검증된 인간관계 중심으로만 움직일 것이다. 헤드헌팅 업체도 함께 근무했던 직원, 업계 동료 등으로 이미 검증된 사람들을 추천해야 한다. 최종 합격 여부에 앞서 채용 후보자의 이력과 역량, 성품 등을 함께 근무했던 동료, 상사, 부하직원을 통해 확인하는 '평판 조회(reference check)'가 강화되고 검증된 인간관계 중심으로 비즈니스가 움직일 전망이다.

우리나라에서도 1999년 현대백화점이 사원 추천제를 최초로 도입한 이후 대기업, 외국계 기업을 중심으로 경력직원 채용에서 급속히 확산되고 있다. 롯데백화점은 2017년 5월부터 임직원 참여형 '사내 추천 채용제도'를 도입했다. 실제 채용이 결정되면 인센티브 등의 혜택도 부여돼 직원들의 호응도가 높다. 직원들이 직접 사내 구인 포지션에 적합한 전문 인재를 추천하고, 그에 상응하는 보상을 받는 제도다. 추천 직원은 채용 과정에 일절 관여할 수 없고, 인사팀에서 전형별 채용 절차에 맞게 단계별로 진행한 뒤 외부 전문 기관을 통한 평판 조회를 거쳐 합격 여부를 결정한다. 특히 추천자에게는 추천을 통해 입사한 직원의 연봉 기준 5% 상당의 포상금을 제공한다.

포스코는 AI채용 시스템을 활용하면서 경력직 채용에 전사 그룹장-부장, 리더-공장장을 대상으로 데이터 기반 '직책자 후보 추천 시스템'을 도입했다. 자산관리 플랫폼 '뱅크샐러드'를 운영하는 레이니스트는 200명 규모의 채용 계획을 발표하면서 '사외 추천 제도'를 도입했다.

페이스케일(PayScale)의 조사 결과를 보면 친척이나 친구가 소개한 직원 중 53%가 현 직장에 만족한다고 답했다. 어떤 형태로든 소개를 받아 채용된 사람은 직장에서 업무 집중력과 직무 만족도가 더 높게 나타났다.

코로나19로 '건강'과 '안전'에 대한 욕구도 더해지고 있는 '프라이빗 이코노미' 시대에는 타운스퀘어(town square)에서 리빙룸으로 공간이 바뀌고 있다. 개방적 광장에서는 불특정 다수와의 소통으로 피로감에 지친 데다 친한 이들하고만 어울리고 싶다는 '내밀한 인간관계'에 대한 욕망이 커졌다. 주52시간제, 1인 가구 증가, 워라밸 중시 등의 영향으로 '개인 취향 소비'를 지향하는 이들이 많아진 것도 원인으로 작용했다. 향후 고객 경험(CX, Customer eXperience)에서 직원 경험(EX, Employee eXperience) 시대로 나아갈 전망이다.

10) 자녀에게 의지하지 않는 신중년, '시니어 노마드'

'여생'이 아니라 '일할 자유'를 찾는다. 2020년 '앙코르 시니어 (encore senior)'가 급증했다면, 2021년에는 '시니어 노마드(senior nomad)' 시대였다. '앙코르 시니어'는 퇴직 후 경력을 바탕으로 의미 있는 활동을 하는 노년층을 말한다. '시니어 노마드'는 은퇴 후 자녀 양육 책임이나 생계에서 벗어나, 기존 노인의 가치관에 얽매이지 않고 끊임없이 새로운 자아를 찾아가는 것을 말한다.

2021년 74세의 박막례 할머니는 명실상부한 '유튜브 스타'로 국내외 구독자 수 112만 명에 조회 수 2억 뷰를 기록하고 있다. 2019년 3월 〈전국노래자랑〉을 통해 '할담비'란 별명을 얻은 지병수 할아버지, 83세의 최고령 '먹방 유튜버' 김영원 할머니가 스타 반열에 이름을 올렸다. '실버 모델'도 두각을 나타내고 있다. 순댓국밥집을 운영하던 김칠두 씨는 70세가 넘은 나이에 패션계에 입문해 시니어 모델 열풍을 일으켰다. '시니어'는 나이를 떠나 수평적 문화를 받아들이고 있다.

"이제 자식들에게 제 인생을 맡기지 않아요. 좁은 공간에 갇혀 있다가 죽을 날만을 기다리고 싶지 않아요."

대한민국은 2018년 고령사회 진입, 2020년 베이비부머의 노인 세대 진입, 2024년 초고령사회 진입 등 초고령화가 급속하게 진행 중이다. 한국보건산업진흥원은 국내의 시니어 비즈니스 시장 규모가 2010년 33조 2,241억 원에서 2020년에는 124조 9,825억 원에 이를 것으로 전망했다. 2025년이면 전체 인구에서 노인 인구가 차지하는 비중이 20%, 즉 '천만 노인 시대'가 열린다. 그동안 내수

시장 규모가 적다는 우려가 있었는데, 우리나라도 영국이나 독일, 일본 등 초고령화 사회처럼 내수를 충분히 확보할 수 있는 여력이 생겼다.

미래에셋은퇴연구소(MIRAE ASSET Retirement Institute)가 발간한 《미래에셋 은퇴 라이프 트렌드》에 따르면, 50대는 52.2세, 60대는 56.9세에 퇴직했으며, 5060 퇴직자 10명 중 8명은 다시 일자리를 구했다. 재취업자의 절반은 두 번 이상 일자리를 옮겼으며, 세 번 이상 옮긴 경우도 24.1%에 달한다. 퇴직 후에도 일자리를 이리저리 옮겨 다니는 '5060 일자리 노마드족'이 탄생한 것이다.

이제 나이를 따지지 않고 나이 자체를 잊어버리는 에이지리스(ageless), 그야말로 나이를 떠나 트렌드의 중심이 된 그들의 소비에 주목해야 하는 이유다. 이러한 시니어의 특성에 따라 젊은 세대와 중장년 세대의 소비 경계가 모호해지면서, 나이가 파괴되는 '에이지리스' 현상이 이 시대 소비문화의 핵심으로 자리하고 있다.

미국과 일본에서는 75세 이상 인구 중에서 병이나 허약 체질, 소위 노인병으로 일상생활을 할 수 없는 사람들이 전체의 5% 미만이라고 한다. 시니어들은 자신의 경험과 지혜를 바탕으로 은퇴 후에도 새로운 일자리를 탐색하거나 창출하고 있다. "오늘의 노인은 어제의 노인과 다르다"고 말한 미국 시카고 대학교 심리학과의 버니스 뉴가튼(Bernice Neugarten) 교수는 55세 정년 기준으로, 은퇴 이후의 시기를 3단계로 구분했다. 55~75세를 '영올드(young old)', 76~85세를 '올드올드(old old)', 그 이후는 '올디스트(oldest)'로 나누었다. 특히 '영올드 세대'는 이전 세대와 달리 고학력, 풍부한 경험과 정보, 균형 감각 등을 지닌 새로운 노년층으로 사회의 주역이 될 것으로 전망했다. 인생 1막은 30년 동안 공부를 하고, 인생 2막은 30년 동안 생계를 책임지다 은퇴를 했다면, 인생 3막은 30년 동안 진짜 자신이 하고 싶은 일을 하다가 세상을 떠나는 것이다. 탄탄한 경제력을 바탕으로 적극적인 소비를 하는 50대 이상이 새로운 소비계층으로 부상하고 있다. 이들은 일반적으로 생각하는 노인의 모습에서 벗어나 은퇴 이후에도 능동적으로 하고 싶은 일을 찾아 도전하고, 적극적으로 사회활동에 참여한다. 나이 들었다고 뒤로 물러나 조용히 지내는 시대가 아니다. 시니어에게도 일자리가 필요하다.

멋있게 늙고 싶다는 젊은이들도 늘고 있다. 전 세계적으로 고령화 사회에 진입하면서 고령층이 각종 산업의 주요 소비층으로 떠오르고 '그레이네상스(Greynaissance)'의 힘을 여실히 보여주고 있다. 그레이네상스란 '백발'이라는 뜻의 그레이(grey)와 르네상스(renaissance)를 합친 용어로, 사회 전반적으로 실버 소비자의 파워가 커지고 있다는 것을 의미한다. '시니어 노마드'는 자기다움을 찾아가는 경향과도 맞물려 있다. 이들은 경제적으로나 시간적으로 여유로우며 일과 삶의 만족도도 높아서 소비에도 관대하다.

초고령화 사회에서 주고객인 '젊은이'는 줄어들 수밖에 없으므로 '시니어'로 눈을 돌려야 한다. 산업의 주요 비즈니스 타깃이 젊은 층에서 시니어로 이동하는 '시니어 시프트(Senior Shift)'는 더욱더 확산될 전망이다.

2022년 채용 트렌드 10대 키워드

2장에서는 2022년 채용을 준비하는 기업과 구직자의 입장을 고려하여 MZ세대가 바꾸는 10가지 채용 트렌드 키워드를 다룰 것이다.《채용 트렌드 2021》에서 다루었던 것은 배제하고, 인사 담당자, 취업교육 전문가, 커리어코치, 헤드헌터, 전직 전문가, HR 전문가 등 다양한 사람들로 구성된 커리어포럼 회원들을 대상으로 설문조사를 하고, 별도로 채용 트렌드 회의를 통해 2022년 채용 트렌드를 관통하는 10개 키워드를 뽑았다.

2022년 채용 트렌드 10대 키워드

2020년	2021년	2022년
① 수시채용	상시채용	① 딥택트 채용
② 블라인드 채용	비대면 채용	② 메타버스 채용 박람회
③ AI면접	화상면접	③ 소셜 리크루팅
④ 디지털 전환	랜선 박람회	④ 리버스 인터뷰
⑤ 워라하 (Work & Life Harmony)	워라인 (Work & Life Integration)	⑤ 워러밸 (Work & Learning Balance)
⑥ 긱 워커 급증	멀티커리어리즘	⑥ 폴리매스형 인재
⑦ 밀레니얼 세대	젠지 세대의 채용 전략	⑦ 커리어 모자이크
⑧ 애자일 확산	헬릭스 경영 전략	⑧ ESG경영
⑨ 젠더 감수성	프라이빗 이코노미	⑨ 직원 경험 시대
⑩ 앙코르 시니어	시니어 노마드	⑩ 시니어 시프트

2021년은 코로나19 팬데믹의 영향으로 '사회적 거리두기'를 하고, 1년간 재택·원격 근무를 하면서 조직의 모습이 달라졌다. 막상 리모트워크를 해보니 처음에는 불편한 점이 한두 가지가 아니었지만 시간이 지나면서 어느새 적응이 되었다. 관리자들의 의견을 들어보면, "생각했던 것보다 일이 잘 돌아가고 있는 것이 의아하다"는 반응이다. 반대로 말하면 그만큼 기존 방식의 생산성에 문제가 있었다는 반증이다. 2021년 코로나19로 모든 소통이 비대면으로 급속하게 변화되었다. 달라진 업무 환경은 조직 구성원들 간의 소통도 이전과 다른 방식을 요구하고 있다. '왜 일을 하는가?'라는 질문이 '어디서 일을 하는가?'로 바뀌면서 평가 기준 또한 '그동안 얼마나 일했는가?'에서 '성과는 어떻게 되었는가?'로 변화하고 있다.

또한 2022년은 다른 어느 때보다 채용의 속도의 변화를 체감할 전망이다. 직접 만나지 못하니 링크드인, 페이스북, 인스타그램 등 점차 '소셜 리크루팅'이 부활하고 있다. 디지털 기술이 발전하면서 같은 시간, 같은 공간에 모여서 일하지 않아도 언제 어디서든 직원들이 서로 연결될 수 있고 좀 더 효과적인 소통과 협업이 가능해졌다. 비대면 채널을 통해 필요한 자료와 정보, 스케줄을 공유하고, 화상회의를 통해 대면 방식의 시간과 공간의 소모를 줄이고 있다.

그동안 가장 변화하지 않았던 것이 바로 조직의 리더다. 디지털 이민자에 속하는 리더들이 디지털 협력 도구를 배우고 자연스럽게 직원들과 소통하는 방식을 깨우치기 시작했다. 2021년은 가장 큰 병폐로 지적되었던 수직적 보고 문화가 디지털 협업 도구를 통해 수평적인 소통으로 정착하기 시작한 원년이다.

'딥택트(deeptact)'란 '딥(eeep)+언택트(untact)'의 합성어로 직접 연결하지 않으면서 깊은 관계를 추구하는 것을 말한다. 어떤 연결이든 관계의 양보다 질을 더욱더 중요하게 생각한다. '딥워크(deep-work)'는 깊이 있는 몰입과 집중으로 일하는 것을 의미한다. '피상적 작업(shallow work)'으로는 시간만 낭비할 뿐이다. 일도 마찬가지로 딥택트로 바뀌고 있다.

코로나 쇼크로 2021년 코엑스, 킨텍스, 벡스코, 엑스코 등 대형 전시장에서 이른바 MICE(Meeting, Incentive Tour, Convention, Exhibition) 산업, 즉 기업회의, 포상관광, 컨벤션, 전시회를 거의 진행할 수 없었다. 오프라인 채용박람회를 할 수 없게 되면서 당연히 랜선 박람회가 주도했다. AI채용 산업은 점점 대규모화되고 있으며 메타버스 기술이 발전하면서 MZ세대 간 소통의 공간이 현실에서 가상세계까지 확장했다. 지원자를 겨냥해 메타버스 채용박람회도 등장하고 있다. 메타버스에서 개별 아바타가 지원자 본인이 원하는 프로그램을 선택해 주도적으로 참여할 수 있고, 1:1 채팅을 통해서 상담도 언제든지 할 수 있으며 참가자 수도 제한이 없다.

면접관의 갑질, 채용 비리로 기업의 이미지가 큰 타격을 입고 있는 상황에서 '역면접' 트렌드가 뜨고 있다. '리버스 인터뷰'란 면접관과 지원자의 역할을 바꾼 역지사지의 발상이다. 역면접으로 변화되고 있는 이유는 우수한 지원자일수록 자신의 전문성을 살리고 성장할 수 있는 회사인지 거꾸로 면접을 보고 판단하기 때문이다.

이제 재택·원격 근무가 기업이 일하는 방식을 변화시킬 뿐만 아니라 직장 동료와의 협력, 소통 등에도 새로운 변화를 가져올 것이다. 코로나19 이후 기업이 학습 조직을 꾸리기가 어려워진 상황에서 일과 학습을 병행하는 워러벨 트렌드가 2022년에는 더욱더 확산될 전망이다.

폴리매스형 인재상이 우리나라에도 등장하고 있다. '폴리매스(Polymath)형 인재'란 한 우물만 파는 것이 아니라 다재다능한 사람을 말한다. 여러 분야에 대한 경계를 허물고 다양한 분야를 연결시킬 수 있는 안목을 길러야 한다. 폴리매스형 인재들이 각각의 분야를 넘나들며 시대를 이끌어가게 될 전망이다.

이제는 '경력 사다리(Career Ladder)'가 사라지면서 '커리어 모자이크'를 쌓아야 할 때이다. '커리어 모자이크(Career Mosaic)'란 아무런 연관성이 없어 보이는 조각들을 맞추면서 자신의 전 생애에 걸쳐 직업이나 경험들을 취합해나가는 것을 말한다. '계획된 우연(Planned Happenstance)'으로 삶에서 만나게 되는 다양한 우연적인 사건들이 긍정적인 효과를 가져와서, 그 사람의 진로에 연결된다는 이론이다. 계획된 우연은 '호기심, 인내심, 융통성, 낙관성, 위험 감수'를 필요로 한다. 자그마한 실패 경험조차 훗날 회복탄력성으로 작용할지 모른다. 성장의 욕구보다 자유로움을 추구하는 '커리어 모자이크' 트렌드가 더욱더 확산될 전망이다.

최근 코로나19 이후 세계적인 기업에 투자를 할 때 재무적인 요소 외에 ESG와 같은 비재무적 요소들도 중요하게 작용하면서 ESG경영이 필수로 대두되고 있다. ESG는 환경(Environment), 사회(Social), 지배구조(Governance)의 약자로, 가치 있는 평가지표로 활용되는 평가 요소이다. ESG는 선택이 아니라 필수이다. LG그룹, 하나금융그룹 등 대기업 위주로 ESG경영에 따른 채용의 변화가 눈에 띈다. ESG 채용 트렌드는 환경 및 사회와 함께 성장하고 더불어 행복을 나누는 ESG경영에 새로운 방향을 제시하는 마중물이 될 전망이다.

2022년 채용 트렌드는 MZ세대가 조직에 어떻게 안착할 수 있는지 고민하는 방향이다. 고객 경험보다 직원 경험이 더 중요해지고 있다. 결국 외부 고객보다 내부 고객을 어떻게 끌어들이느냐가 기업의 성패를 좌우한다. 이제 단순히 '고객 경험(CX)'에 머무는 것이 아니라 '직원 경험(EX)' 시대로 나아갈 전망이다.

초고령화 사회에서 주고객인 '젊은이'는 줄어들 수밖에 없고 '시니어'로 눈을 돌려야 한다. 경제력과 활동력을 모두 갖춘 시니어가 대거 등장하는 만큼 새로운 비즈니스 기회가 될 수 있다. '시니어 시프트'란 산업의 주요 비즈니스 타깃이 젊은 층에서 시니어로 이동하는 경제적 현상을 말한다. 앞으로 '시니어 시프트' 트렌드는 더욱 더 확산될 전망이다.

이러한 측면에서 우리는 무엇에 집중하고 어떻게 변화해야 할 것인가? 전방위적으로 산업의 패러다임이 개편되고 있으니 하나의 키워드에 꽂히기보다는 10개의 채용 트렌드 키워드를 하나하나씩 살펴보자.

참고문헌

· 김용민, 〈상시채용 기업 39.2%, 'N차 지원자' 환영〉, 리크루트타임스, 2021. 02. 16.
· 김정환, 〈"아직도 회사 출근하니"…재택근무 50만 명 넘었다〉, 매일경제, 2021. 07. 26.
· 김보라, 〈박막례 할머니 · 김칠두 패션모델 · 할담비…실버세대, 대중문화 한축으로〉, 한국경제, 2019. 12. 23.
· 박해식, 〈포스트코로나 시대, 대면면접 → 화상면접 전환 추세〉, 동아일보, 2020. 09. 14.
· 구본권, 〈저커버그, '프라이버시 모순' 딛고 살아남을까〉, 한겨레신문, 2019. 03. 12.
· 안정호, 〈'랜선 콘서트' · '실내에서 야외로'…코로나가 바꾼 추석 안방극장〉, PD저널, 2020. 09. 25.
· 이재윤, 〈전 세계 75만 명 · 250억 벌어들인 'BTS 방방콘' 대박 비결〉, 머니투데이, 2020. 06. 24.
· 정다은, 〈"나는 업글인간"… 재능공유 플랫폼에 모이는 2030〉, 이데일리 2020. 09. 03.
· 박지원, 〈임직원 추천제(Empolyee Referral Program)〉, LG주간경제, 2006. 05. 03.
· 미래에셋은퇴연구소, 〈5060 일자리 노마드族이 온다-5060 퇴직자의 재취업 일자리 경로 분석-〉, 《2019 미래에셋 은퇴 라이프 트렌드 조사 보고서》, 2019. 04. 15.
· 스튜어트 프리드먼, 《와튼스쿨 인생 특강》, 베가북스, 2015.

JOB TREND

part **2**

What

MZ세대가 바꾸는
채용 트렌드 10대 키워드

딥택트 채용

●

관계의 양보다 질로 승부한다

행복은 깊이 느끼고 단순하게 즐기고 자유롭게 사고하고 남에게 필요
한 사람이 되는 능력에서 나온다.
– 스톰 제임슨

조금 느슨하지만 깊게 연결하고 싶은 시대

"직접 만나지 않고도 어떻게 잘 뽑을 수 있을까?"

언택트 기술은 채용시장을 바꿔놓았다. '사람은 직접 보고 뽑는다'는 면대면 채용에서도 화상면접, 온라인 인적성검사, 랜선 박람회 등 다양한 비대면 채용 방식을 도입했다. 코로나19가 2021년에도 계속되자 세상의 관계도 많이 바뀌었다. 감염으로 고통받은 이들뿐만 아니라 모든 이의 삶을 송두리째 흔들어놓았다. 이제 타인과의 대면 접촉을 줄인다는 의미인 '언택트(untact)'는 일상이자 문화로 받아들여진다. 비대면이라고 해서 소통하지 않는 게 아니라 소통의 방식이 언택트로 바뀐 것이다. 《언컨택트》의 저자 김용섭 날카로운상상력연구소장은 "접촉은 줄이고 접속은 늘린다는 개념의 언택트는 연결되는 타인을 좀 더 세심하게 선별하겠다는 결정이며, 언택트가 가속화될수록 투명성과 수평성이 높아져 밀도 높은 콘텐츠, 진정한 실력자만 세상에 살아남게 될 것"이라고 말한다. 결국 불편한 관계를 줄이고 개인 취향에 맞는 사람과의 컨택트 포인트를 늘리겠다는 숨겨진 욕망이 내재되어 있는 것이다. 사람들은 갑작스레 닥친 단절된 상황에서 자신을 들여다보고 진정 원하는 것이 무엇인지 모든 관계를 다시 생각하게 되었다. 진흙탕 속에도 아름다운 연꽃은 피어나듯 새로운 관계 방식이 등장하고 있다. 다소 거품이 끼었던 사이는 자연스럽게 정리되고, 소수의 '친밀한 관계(deep relationship)'에 집중하는 경향이 나타나고 있다. 이른바 '딥택트'의 시대가 펼쳐지고 있는 것이다.

딥러닝, 딥워크, 딥택트 등은 '피상적인 접촉'보다 '깊이 있는 관계'를 추구하는 기술이다. '딥택트(deep-tact)'란 업종을 불문하고 전통산업의 업태와 언택트 기술의 강점을 최적으로 결합해 고객 관계를 '깊이(deep)' 맺는 것을 의미하는 신조어다. 딜로이트 컨설팅의 김경준 부회장이 이러한 키워드를 언급하면서 딥택트 트렌드가 더욱더 확산할 전망이다. 그는 "디지털화, 비대면화가 급격히 진행되는 가운데 기업은 오프라인 중심 대면 사업과 온라인 중심 비대면 사업을 조합하는 딥택트 전략을 활용해 고객과 소통을 넓히고 온오프라인 사업 간 시너지 효과를 높여야 한다"고 조언했다.

원래 '딥 컨택트(deep contact)'는 미국의 예술가이자 영화 제작자인 허쉬만(L. Hershman)이 1984년에 만든 비디오디스크 작품이다. 최초로 터치스크린 인터페이스를 예술 작품에 사용하면서 참여자들에게 마이크로 터치 모니터를 통해서 '가이드 매리언'의 신체 일부분을 실제로 만지도록 유도하고 이에 따라 모험이 전개된다는 식이다. 엄밀하게 말하면 '딥택트'의 개념은 단순히 전통산업의 업태와 언택트 기술의 결합을 넘어서 고객의 관계를 깊이 연결하고자 하는 욕망으로 확장된다.

기술	변화의 내용
딥러닝 (deep-learing)	컴퓨터가 사람처럼 생각하고 배울 수 있도록 하는 기술을 의미함. 다층구조 형태의 신경망을 기반으로 한 머신 러닝의 한 분야로, 다량의 데이터로부터 높은 수준의 추상화 모델을 구축하고자 하는 기법. 원격교육 인프라 확충, 초실감 체험형, 몰입형 학습, 양방향 맞춤형 교육, 에듀테크 등으로 발전하고 있음.
딥워크 (deep-work)	깊이 있는 몰입 집중에서 직업적 활동을 의미함. 오래 일하지 말고 깊이 일해야 하는 시대. 조앤 롤링은 컴퓨터를 사용하지만 널리 알려진 대로 《해리 포터》 시리즈를 집필하는 동안에는 소셜미디어를 끊었음.
딥택트 (deep-tact)	직접 대면하지 않으면서 깊은 관계를 추구하는 기술을 의미함. 관계의 양보다 질을 중요하게 생각함. 업종을 불문하고 전통산업의 업태와 언택트(untact) 기술의 강점을 최적으로 결합해 고객 관계를 깊이(deep) 하고자 하는 것을 의미하는 신조어.

슬기로운 딥택트 생활

코로나19로 인한 언택트 확산에 따라 대면으로 이루어졌던 조직문화가 빠르게 바뀌었다. 2021년 기업들은 코로나19로 사회적 거리두기가 길어지면서 언택트로 진화할 수밖에 없었다. 온라인 캠퍼스 리크루팅, 랜선 채용박람회, 화상면접을 도입한 데 이어 대학생 직무 멘토링, 신입사원 온보딩까지 비대면으로 완전히 바뀌었다. 코로나19 감염 확산을 우려해 실시한 재택근무는 '리모트워크로 회사가 잘 돌아갈까?'라는 의문을 남기면서 다수의 기업에서 유연근무제 확대 적용으로 이어졌다.

2022년 채용시장은 이러한 언택트를 넘어 딥택트로 진화될 것이다. 딥택트의 확산은 화상 솔루션 비용이 낮춰진 것처럼 전통기업의 디지털 기술 도입에 관한 진입 장벽을 낮추는 효과로 이어질 것이다. 언택트 방식을 활용하면 수많은 지원자를 상대적으로 짧은 시간에 평가할 수 있지만 평가의 질을 어떻게 올리느냐가 문제로 대두되면서 앞으로는 딥택트로 전환할 가능성이 높다. 직장인들은 선택적으로 더 깊게 들여다보고 자신에게 맞는 것을 적극적으로 찾는 '슬기로운 딥택트 생활'로 일과 삶의 폭을 넓힐 전망이다.

JOB TREND
02

딥택트 전성시대 - 세계 동향

세계적 기업들은 이미 딥택트로 전환 중이다

'어떻게 하면 접촉하지 않고 깊게 접속할 수 있을까?'

실리콘밸리에 있는 부스터 퓨얼즈(Booster Fuels)는 쇼핑몰 주차장에서 터치리스 모바일 주유소를 운영해 페이스북, 오라클 등 실리콘밸리 기업 직원들에게 인기를 끌고 있다. 쉽게 설명하면 주유소까지 차를 몰고 갈 필요 없이 주유소가 자신의 위치로 오는 방식이다. 모든 과정이 터치리스(touchless)로 진행되어 코로나 감염 위험을 줄일 수 있다. 연료를 공급한 후 모바일로 결제하고, 문자 및 이메일을 통해 영수증을 전달한다. 한번 주유하고 끝나는 것이 아니라 향후 서로 소통까지 할 수 있는 것이다. 접촉하지 않지만 깊게 접속하는 딥택트 방법인 것이다.

인재라면 인수까지 불사하지만, 가치가 맞지 않으면 해고한다

디지털 전환기에는 비즈니스 기회에서도 양보다 질이 중요해지고 있기 때문에 딥택트 관점에서 핵심 인재를 어떻게 채용하느냐가 중요하다. 세계적 기업에서는 인재 확보를 위해 스타트업을 통째로 사들이는 '애크하이어'도 흔하게 일어난다. '애크하이어(acqhire)'란 '인수(acquisition)'와 '고용(hire)'의 합성어로 소규모 스타트업에 있는 유능한 인재 확보를 위한 기업 인수를 말한다. 애플 CEO 팀 쿡은 2021년 2월 애플이 최근 6년간 100여 개의 기업을 인수했다고 밝혔다. 3~4주에 1개꼴로 기업을 사들인 것이다. 그런데 애플이 인수한 기업 대부분이 규모가 작은 스타트업이었다. 2014년 인수한 헤드폰 제조업체 비츠뮤직(30억 달러) 등 규모가 큰 업체는 극소수였다. 애플의 인수합병 전략이 구글, 페이스북, 아마존 등 다른 빅테크 기업들과 다르다는 해석이 나오는 이유다.

애플의 관심은 인수합병(M&A) 대상 기업의 '개별 기여자'들이다. 팀장의 지시나 팀원들과의 협업 없이 혼자서도 주어진 역할을 해내는 유능한 기술 인력을 가리킨다. 이런 인력을 애플의 기존 조직으로 빠르게 흡수하는 채용이 주된 목표다. 애플은 M&A 계약을 맺을 때 개발자가 최소 4년간 애플을 떠나지 못한다는 조항을 넣기도 한다. 막대한 규모의 급여나 주식을 지급해서 이른바 '황금 수갑'을 채우는 것이다. 애플은 개발자 1인당 300만 달러(약 33억 6,000만 원)로 계산해 기업 가치를 매기는 것으로 알려졌다. 애플의 M&A는 철저히 비밀리에 이뤄지는 것으로도 유명하다. 통상적인 M&A와 달리 은행을 끼지 않고, 자체 M&A 전담팀이 모든 과정을 주도한다.

　반면 채용된 직원이라도 회사의 핵심 가치와 맞지 않으면 즉시 해고한다. 애플은 페이스북 전 직원을 채용한 후 논란이 일자 채용 계약을 바로 해지했다. 광고 엔지니어인 안토니오 가르시아 마르티네즈의 채용과 관련해 애플 내부에서 반발이 일어난 것이다. 마르티네즈는 2016년 발간한 《카오스 멍키(Chaos Monkey)》에서 실리콘밸리의 경험을 여과 없이 묘사했다. 직원들은 그의 책에서 "베이 지역의 여성들은 부드럽고 약하며 온실 속에서 자란 듯 순진해빠졌다"고 표현하는 등의 여러 구절에 대해 여성 혐오적이라고 지적했다. 약 2,000여 명의 애플 직원은 청원서에서 애플의 채용 시스템에 대한 재검토를 요구한다고 지적했다. 애플의 가치에 반하는 인물이라는 주장이다. 청원서가 온라인으로 회람된 지 몇 시간 후 애플은 마르티네즈를 해고했다. 애플은 자사가 포용적이고 모두가 존중받는 일터를 만들기 위해 줄곧 노력해왔다며, 사람을 비하하거나 차별하는 행동은 애플에서 용납되지 않는다고 밝혔다.

AI채용 시스템으로 수요를 예측해서 인력을 고용하는 시대

　'배고플 때 피자를 직접 가져다주면 어떨까?'

　글로벌 1위 피자업체 도미노피자가 다시 살아나면서 주목받고 있다. 전 세계 90여 개국에서 직영·가맹점을 보유하고 있는 도미노피자의 2021년 2/4분기 매출액은 전년 동기 대비 12.2% 늘어난 10억 3,300만 달러(약 1조 1,900억 원)를 기록했다. 같은 기간 영업이익은 16.7% 증가한 1억 9,100만 달러(약 2,200억 원)다. 주당순이익(EPS)은 3.12달러를 기록했다. 도미노피자는 코로나19 확산 이후 이동 제한이나 음식점 휴업 등이 늘면서 주문 배달이 늘어나자 1만 명을 추가 고용하기로 했다. 도미노피자 매장은 사람들에게 음식을 제공할 뿐만 아니라 이번 사태로 실직한 식당 종사자 등에게 새로운 일자리를 제공한다는 점을 확실히 알리고 있다. 도미노피자는 본사와 프랜차이즈 매장에서 12만 명을 고용하고 있는데 온라인 주문 매출이 전체의 65%를 차지한다. 시장 기대치를 상회하는 좋은 실적을 달성하는 힘은 바로 딥택트에 있다. 도미노피자는 '전화 주문 후 30분 배달'을 주무기로 성장한 전형적인 아날로그 기업이었다. 그러나 '빨리 배달되는 맛없는 피자'로 낙인찍혀 위기를 맞았다. 하지만 포기하지 않고 주문 및 배달 서비스를 강화하는 동시에 피자 본연의 맛을 내는 데 집중했다. 냉동 피자를 전자레인지에 데워 빨리 배달하는 다른 업체와 달리 도미노피자는 신선한 피자를 만들어 30분 내로 배달한다. 2010년과 2011년 고객 경험 전반을 일신하는 '턴어라운드(Turnaround) 캠페인'과 '당신의 피자를 보여주세요 캠페인'으로 이미지를 확 바꾸었다. 기본기를 다진 후 디지털 기술을 접목해 어떤 상황에서든 쉽고 간편한 온라인 주문을 구현했다.

2018년 7월 최고경영자(CEO)로 취임한 리치 앨리슨은 "도미노피자는 IT 기업이다"라고 자사의 비즈니스 모델을 재정의했다. 이제 전통기업들은 아날로그 비즈니스 모델만으로는 생존하기 어렵다. 그렇다고 무조건 디지털 기업의 비즈니스 모델을 따라잡기도 벅차다. 이럴 때는 비즈니스 모델의 재정의가 필요하다. 도미노피자는 지난 수년간 디지털 주문 및 배송 등 IT 분야에 과감하게 투자해 왔다. '소비자는 언제 어디서든 편하게 주문하고, 우리는 신속하게 배달하자'는 모토다. 다른 외식업체들이 배달 대행업체와 손잡을 때 도미노피자는 D2C(Direct to Customer) 플랫폼을 구축하며 소비자와 직접 거래하는 '마이 웨이'를 택했다. 스마트폰 앱뿐 아니라 AI 채팅로봇인 도미챗을 통해 피자를 주문할 수 있다. 도미노피자를 주문하는 플랫폼은 구글 홈과 페이스북 메신저, 애플워치, 트위터 등 15개에 달할 정도다. 이 같은 디지털 주문이 전체의 65%를 넘는다.

소비자가 우버이츠, 도어대시(doordash), 그럽허브(grabhub)와 같은 배달 앱으로 주문하면 수수료를 30% 부과해 자체 서비스를 이용하도록 유도한다. 기존 배달 플랫폼 업체들은 불투명한 배달비로 소비자의 원성을 사기도 했다. 배달 시 우버이츠는 10%가량의 서비스 요금을 요구하는데, 배달비가 따로 청구되는 경우도 있다. 도어대시는 식당에 따라 서비스 요금이 다르게 부과된다. 특정 도시에서 배달비가 1~2달러가량 추가되기도 한다. 소비자가 배달비에 대해 정확하게 알지 못하는 경우가 잦다. 이런 배달 플랫폼 업체의 약점을 파고들어 도미노피자는 고객에게 배달비를 투명하게 공개한다.

도미노피자는 '업의 본질'에 디지털 기술을 접목하는 발상의 전환을 시도했다. 아날로그 고유의 가치에 디지털 기술을 융합해 고객 관계를 깊이 구축하는 딥택트로 성장하고 있는 것이다. 도미노피자는 '돔 피자 체커'라는 AI를 사용하면서 혁신에 나서고 있다. 각 매장의 요리사가 만드는 피자 사진을 찍고 토핑과 치즈가 고르게 퍼져 있는지, 선택한 재료가 피자 유형에 맞는지, 피자의 온도 등을 모니터링한다. 피자가 고객들이 원하는 기준에 맞지 않으면 AI는 요리사에게 피자를 다시 만들도록 주문한다. 이런 절차를 거쳐 피자가 완성되면 사진이 고객에게 전송되는 시스템이다. 이 피자 체커는 드래곤테일 시스템즈가 개발했으며 구글 이미지 인식 알고리즘을 이용하고 있다. 이 피자 체커는 현재 7개국 3,000여 개 주방에 도입됐다고 한다. AI를 통한 업무 개선과 품질 개선에 이어 이제는 채용 과정에도 AI를 활용한다. 도미노피자는 매장 내 인력을 예측해 작업 일정을 효율적으로 개선하는 프로그램을 도입했다. 피자 수요가 많을 때는 인력을 많이 고용하고 수요가 줄어들면 고용을 줄이는 시점을 예측하는 시스템이다. 또한 새로운 매장을 개설하기 위한 최적의 위치 식별도 AI가 할 수 있다. 도미노피자는 디지털 시대에도 매장이 중요하다는 점을 고려해 계속 매장을 늘리고 있다. 지난해에도 전 세계에 163개의 새로운 매장을 열었다.

마스크 쓴 얼굴까지 인식할 수 없을까?

일본도 딥택트 제품을 속속 내놓으며 변신하고 있다. 전자제품 기업 NEC는 마스크, 선글라스, 모자 등으로 얼굴을 가려도 안면인식이 가능한 기술을 개발했다. 이 안면인식은 얼굴 반을 가려도 본인 인증이 가능하다. AI가 얼굴의 노출 부위와 전체 얼굴이 얼마나 유사한지 추측해 신원을 가려낸다. NEC에 따르면 AI가 축적된 데이터를 기반으로 스스로 딥러닝을 할 수 있어서 정확도는 더 높아진다고 한다. 언택트라고 해서 깊이가 부족할 것이라고 생각하면 오산이다. '마스크를 벗으면 얼굴 인식이 되는데 굳이 마스크 쓴 안면인식 기술이 필요할까?'라고 생각하기 쉽다. 개발자 입장이 아니라 사용자 입장에서 소통해야 한다.

소통의 라틴어 어원은 '공유한다'는 뜻의 'communicare'로 공동체, 상식, 공유, 쌍방향 등의 의미가 포함되어 있다. 소통을 위해 서로가 무엇을 공유하고 상대방을 어떻게 배려해야 하는지를 깊이 생각해 볼 시점이다. 무턱대고 강요하거나 편협한 주장은 독백으로 그친다.

HR컨설팅 기업 로버트 하프가 2,800명의 관리자들을 대상으로 실시한 설문조사에 따르면 미국 기업 중 63%는 팬데믹 이후로 원격면접과 온보딩으로 전향했으며, 48%는 고용 프로세스를 줄였고, 49%는 현재 완전 재택근무를 홍보하고 있다. 그리고 직원을 원격면접으로 고용한 기업 중 약 50%가 고용 프로세스를 단축했다고 응답했다.

딥택트 전성시대 - 국내 동향

기업들은 신년사에서 새로운 키워드를 내세우는 경우가 많다. 신한카드 임영진 사장은 새로운 환경과 고객을 이해하는 '딥택트(DEEP-tact) 전략'을 제시했다. 뉴노멀 시대에 맞게 고객들에게 차별화된 경험을 제공하고 확산시켜야 한다는 것이다. "'생각은 깊게, 행동은 담대하게'라는 심사고거(深思高擧)의 의미처럼 새로운 환경과 고객을 이해하는 깊은 전략을 바탕으로 카드·할부금융 사업 등 본원적 경쟁력 강화와 함께 빅데이터·디지털 경쟁자들에 앞서는 확실한 실행력을 보여줘야 한다." 2021년에는 카드 사업 분야를 넘어 진정한 '라이프&파이낸스 플랫폼' 기업으로 새로운 변화를 선언했다. 또한 빠르게 변하는 시대의 'MZ세대'를 위한 사업에 심혈을 기울이고 있다. 신한카드에서 말하는 '딥택트(DEEP-tact)'란, 디지털(Digital)·이코노믹(Economic)·익스텐디드(Extended)·퍼스널라이즈드(Personalized), 컨택트(Contact) 등 4대 아젠다를 의미한다. 첫째, 신한카드는 신한페이판을 고객의 손안에서 모든 금융과 라이프 서비스를 제공하는 밸류체인(value-chain) 플랫폼으로 육성할 방침이다. 둘째, 개인사업자 금융 플랫폼(BFM, Business Financial Management) 등 사업 모델과 함께 시대가 요구하는 ESG경영을 폭넓게 추진하여 이를 통해 상생의 선순환을 만들어나간다는 구상이다. 셋째, 차별화된 경험을 창출하고 사업 고도화와 신규 투자를 병행해 진정한 멀티 파이낸스의 모습을 완성해 나갈 계획이다.

'퍼스널라이즈드 컨택트'는 디지털로 구현하는 초개인화 상품·서비스를 통해 더 많은 고객에게 최적의 혜택을 제공한다는 의미다. 신한카드는 상품 완전판매·금융 사기 예방·정보보호 등 소비자 보호 역량도 제고하고 있다. 딥택트 전략의 핵심은 '깊은 전략'과 '확실한 실행'에 있다. 새로운 환경과 고객을 이해하고 디지털 경쟁자들과 맞서기 위해 단단한 기반 구축과 신속한 변화가 필요하다.

코로나19 여파로 결제시장도 온라인 중심으로 바뀌면서 디지털 전환이 카드사들의 주요 과제로 부상했다. 신한카드는 '디지털 페이 플레이어'로 도약하겠다는 목표를 제시한 만큼 지원자들은 디지털 분야에 대한 이해를 갖춰야 한다. 디지털 역량을 키우려면 최신 트렌드에 꾸준히 관심을 가져야 한다. 특히 인공지능, 블록체인, 클라우드 등의 기술이 미칠 변화를 고민해야 한다. 신한카드는 지원자의 내재화된 역량 평가에 초점을 맞춘다. 이런 방침에 따라 서류전형부터 소위 스펙을 정량적으로 채점하지 않는다. 자기소개서에서 스펙을 나열하면 오히려 좋은 평가를 받을 수 없다. 개인의 핵심 역량을 중심으로 어떤 성과를 낼 수 있는지 설명해야 한다. 디지털 역량도 빼놓을 수 없는 평가 요소다. 새로운 기술이 가져올 변화에 대한 인사이트를 준비해야 한다.

더 나아가 신한카드가 나아갈 방향을 고민해 접목 기술을 융합적인 사고로 표현해야 좋은 평가를 받을 수 있다.

블룸비스타(www.bloomvista.co.kr)를 운영하고 있는 현대종합연수원은 언택트 시대에 맞춘 '딥택트 러닝(Deep-tact Learning)' 프로그램을 선보여 눈길을 끌고 있다. '딥택트 러닝'은 대면보다 깊은 연결을 추구하며 기본 이러닝의 한계로 지적된 요소들을 극복하겠다는 포부에서 시작했다.

현대종합연수원은 최근 공중파 방송사 등에서 시도하고 있는 '랜선 버스킹'에 착안해 새로운 교육 방식을 개발했다. 사회적 거리두기의 지속으로 각종 공연이 불가능해지면서 그 대안으로 떠오르고 있는 온라인 공연을 교육과 강의에 차용한 것이다. 그동안 한 강의실에 단체로 모여 교육하던 방식을 대신해 딥택트 러닝은 1인 1실 나만의 교육 공간에서 진행하는 방식이다. 쉽게 말하면 '숙소'를 '강의실'로 바꾸는 것이다. 숙소에는 대형 모니터와 개인 전용 노트북, 이어셋, 강의 자료 등이 준비돼 있어 실시간 질문과 토론 등 상호 간 의사소통이 가능하다. 팀별 학습 촉진자를 배치해 교육 참여도를 높였고, 학습자 간 네트워크를 강화하기 위한 랜선 회식을 마련한 것도 특징이다.

실제로 현대종합연수원은 3회에 걸쳐 딥택트 러닝 프로그램을 통해 현대엘리베이터 직원들을 대상으로 한 직무 역량 강화 교육을 진행했다. 교육에 참여한 직원은 "사회적 거리두기가 유지되는 상황에서 연수원에 입소하라는 통보에 의아했지만 교육이 진행되면서 신선한 진행 방식과 대면 교육 못지않은 재미도 있었다"며 "화상을 통해 질문과 답변, 상호 간 소통이 가능해 교육생들의 반응도 긍정적이었다"고 전했다. 현대종합연수원은 다년간 기업과 공공기관 등의 교육을 운영했던 노하우를 바탕으로 언택트 시대에 맞는 비대면 교육의 효과와 질을 높일 수 있는 딥택트 러닝 시스템을 준비했다. 온라인과 오프라인의 장점을 융합해 신청 기관과 단체 등으로부터 긍정적 평가를 받고 있다. 이제 온라인 교육시장에서 비대면에 이어 콘텐츠 전문성을 높인 '딥택트'가 주목받고 있다.

딥택트 경향은 인재 영입을 위한 '애크하이어'로 채용 영역에서 더욱더 강화되고 있다. 네이버는 2020년 컴퓨터 비전 스타트업 비닷두(V.DO)를 인수했다. 비닷두는 서울대 석박사 출신들이 설립한 컴퓨터 비전 분야의 AI 스타트업이다. 비닷두 출신은 네이버 웹툰의 콘텐츠 경쟁력을 강화하기 위해 여러 웹툰 관련 기술을 고도화하고 있다. 네이버가 2017년 인수한 스타트업 컴퍼니AI도 네이버의 스타트업 액셀러레이터 D2SF(D2 Startup Factory)를 통해 발굴한 기업으로, 주요 인력과 기술 역량을 가져오기 위한 절차에 따라 정리됐다.

언택트로 관계의 양은 많지만 질이 좋지 않다. 그런 욕구를 담고 있는 키워드가 바로 딥택트이다. 더불어 요즘 기업에서는 딥워크가 중요해지고 있다. 딥워크(deep-work)란 인지 능력을 한계까지 밀어붙이는 완전한 집중의 상태에서 수행하는 업무 활동이다. 딥워크는 곧 자신이 진정 원하는 중요한 일에 집중할 수 있는 환경을 만들고 그것에 몰두하는 능력을 말한다. 딥택트는 단순히 양적 추구가 아니라 질적 추구로 고객의 경험을 원하는 잠재적 방향으로 끌어내는 언택트의 기술을 포함하고 있다. 비대면 채용에서 면접관이 지원자의 역량을 알아보기는 쉽지 않다. 단순히 비대면 시스템 개발이 아니라 오프라인 중심의 대면 사업과 온라인 사업을 조합하는 '딥택트'를 통해 어떠한 장벽까지 허물 수 있는지 '언리미티드(unlimited)'를 실험하는 장으로까지 진화할 전망이다.

JOB TREND
04

딥택트 전략에서 유의해야 할 5가지

딥택트 전략은 단순히 온라인과 오프라인을 합쳐놓은 하이브리드 전략과 다르다. 마찬가지로 딥택트 채용은 언택트 채용보다 한 발 진화된 개념이다. 접촉하지 않는 접속, 이동 시간 절약, 사무실 임대비용 절감 등 비대면의 장점도 있지만, 원활하지 않은 소통, 공감을 얻기 어려운 환경 등 단점도 있기 마련이다. 채용 과정에서 수박 겉핥기가 되지 않도록 딥택트 전략을 통해 깊이를 더할 전망이다.

1. 주의 집중을 위한 주변 환경을 먼저 구축하라

딥택트 전성시대에는 피상적인 소통에서 벗어나야 한다. 터치

리스라고 해서 아예 소통하지 않는 것은 아니다. 딥택트는 접촉하지 않지만 깊이 접속하며 소통한다. 실제로 딥워커들은 자택에서 벗어나 별도의 공간에서 작업한다. 빌 게이츠의 '생각 주간(Think Weekend)'처럼 넓이가 아니라 깊이를 추구해야 한다. 코로나19로 일과 삶의 혼란이 업무에 방해될 수 있다. 리모트워크는 업무 효율 증대 효과가 뚜렷하지 않고 일과 쉼의 경계가 모호해지며 과로가 커진다는 것이 문제점으로 지적된다. 국제노동기구(ILO)가 유럽연합 회원국을 대상으로 조사한 결과 사무실 밖 근무는 생산성은 향상되나 업무 시간이 길어지고 사생활의 혼재가 일어날 위험이 큰 것으로 나타났다. 네덜란드 재택근무자의 절반(50%)이 일요일에도 근무를 했다. 스트레스를 호소하는 비율도 40%로 사무실 근무(20%)에 비해 2배나 많았다. 이제는 '워라벨'처럼 일과 사생활을 분리해서 생각하지 말고 '워라인'으로 일과 사생활을 통합하는 주변 환경을 구축해야 한다.

2. 피상적 작업을 차단하고 딥택트의 마감 시간을 확정하라

가치가 낮은 피상적 작업은 시간만 낭비할 뿐이다. 다수의 '거품이 낀 채용 절차'는 자연스럽게 정리되고, 소수의 '밀도 높은 채용 절차'에 집중하는 경향이 나타난다. 그래서 공채가 사라지고 수시·공시 채용이 대두된다. 딥택트 전략에 적응하기 위해서는 피상적 작업을 차단하고, 마감 시간을 확정해서 집중해야 한다.

3. 딥택트 전략은 어떤 장벽까지 허물 수 있는 과감한 실험이 중요하다

한국은행도 중앙은행 디지털 화폐(CBDC, Central Bank Digital Currency)를 도입하기 위해 파일럿 시스템 구축을 추진 중이다. CBDC란 지폐·동전과 같은 기존 화폐와 별도로 중앙은행이 전자 형태로 발행한 화폐를 의미한다. 전자 형태로 거래된다는 점에서 비트코인 등 암호화폐와 비슷하지만, 중앙은행이 직접 발행하고 관리하며 기존 법정통화와 1:1 교환이 가능하다는 것이 가상화폐와 큰 차이점이다. CBDC는 현물 지폐와 동일한 가치와 지위를 갖는다. 화폐 액면가가 정해져 있으며, 발행량이 고정돼 있지 않다는 특징이 있다. 쉽게 말해 CBDC는 중앙은행이 발행하는 종이 화폐를 디지털화한 것이라고 보면 된다. 화폐까지도 딥택트 전성시대가 될 전망이다.

4. 단순한 채용에서 벗어나 인재 영입을 위한 인수까지 불사한다

핵심 인재가 중요하다 보니, 딥택트 채용 경향은 인재 영입을 위한 인수 애크하이어로 강화하고 있다. 기존 채용으로는 핵심 인재를 영입하기 어려울 경우, 아예 주요 인력과 기술 역량까지 가져오기 위해 회사를 인수하는 것이다. 인수를 통해 인재 영입에 성공하면 사업은 정리하는 경우가 많다.

5. 딥택트 전략은 끝까지 물고 늘어지는 집요한 실행에 달려 있다

아무리 좋은 전략이라 하더라도 실행하지 않으면 소용없다. 딥택트 전략을 체계적으로 진행하기 위해서는 실행하기 쉬운 프로세스가 필요하다. 가령 쓸데없는 양적 추구가 오히려 질을 떨어뜨릴 수도 있음을 간과해서는 안 된다. 채용 방식도 지원자의 수보다 질이 중요하다. 딥택트 전략에서 새로운 환경과 고객을 이해하고 디지털 경쟁자들과 맞서기 위해 끝까지 물고 늘어지는 집요한 실행이 필요하다. 실제로 리모트워크를 하다 보면 비동기식 커뮤니케이션이 일어난다. 이메일이나 채팅, 협업 툴은 실시간 커뮤니케이션이 아니다. 직접 얼굴을 보고 이야기하는 것이 아니기 때문에 오해의 소지가 많다. 어떤 소통은 깊이 생각할 시간이 필요하기도 하고, 회의하기 전에는 할 얘기들을 미리 생각하고 준비해서 들어갈 때도 있다. 딥택트 전성 시대에는 온라인과 오프라인의 장점을 융합해 새로운 기회를 제공할 전망이다.

참고문헌

· 강주화, 〈딥택트로 살아남은 기업 '펜더'를 배워라〉, 국민일보, 2020. 06. 04.
· 김응태, 〈(금융사가 찾는 인재상)⑩신한카드 "회사와 어떤 시너지 낼 수 있나요?"〉, 뉴스토마토, 2021. 03. 08.
· 김주완, 〈네이버 · 카카오, 수시채용은 기본…인재확보 위해 스타트업 통째 인수〉, 한국경제신문, 2021. 02. 02.
· 김지선, 〈[이슈분석] 증가하는 정부 원격근무 서비스…확산 · 활용이 관건〉, 전자신문, 2020. 09. 08.
· 김태영, 〈"고객과 딥택트"… 신한카드, '업(業)의 경계' 뛰어넘다〉, 시장경제, 2021. 01. 20.
· 박상용, 〈3주마다 1개사 인수…작은 기업만 노린 애플의 '애크하이어'〉, 한국경제신문, 2021. 05. 02.
· 박정훈, 〈기업 임직원 교육 · 연수, 이제는 '언택트'로! : 현대종합연수원 '딥택트 러닝(Deeptact Learning)' 프로그램 선보여〉, 이코노믹리뷰, 2020. 12. 07.
· 박주연, 〈미국 도미노피자, 배달앱과 전면대결…5000만 달러 뿌린다〉, 한국경제, 2021. 08. 10.
· 신지환 · 전채은, 〈사라질 뻔한 인간관계…되레 깊어져버렸다〉, 동아일보, 2020. 08. 08.
· 송지후, 〈언택트 시대의 딥택트〉, 월간 CEO, 2020. 07. 01.
· 오춘호, 〈도미노피자의 AI 혁신, 경영으로 확산하다〉, 한국경제신문, 2021. 04. 07.
· 정은혜, 〈LG인화원 신임팀장 교육, Deeptact Learning으로 전환〉, HR ingsight, 2020. 11월호
· 전혜진, 〈현대그룹 인재개발센터_언택트 교육 만족도가 더 높은 비결〉, HR insight, 2021. 06. 3.
· 황혜원, 〈채용시장 '언택트 전형' 확대될 듯〉, 대학저널, 2021. 03. 31.
· 칼 뉴포트, 《딥 워크》, 민음사, 2017.
· 브라이언 전, 〈직원 집단 반발 여파…애플, 논란의 전 페이스북 직원 해고〉, CIO korea, 2021. 05. 14.
· 권건호, 〈포스트코로나 시대 기업전략…언택트 넘어 딥택트 지향해야〉, 전자신문 2020. 06. 04.

메타버스 채용박람회

•

가상세계에서 자라난 인류를 주목하라

당신이 지금 상상하고 있는 것은 앞으로 당신 삶에서 펼쳐질 일들에
대한 예고편이다.
- 알버트 아인슈타인

메타버스 채용박람회 –
이제 아바타로 채용설명회에 간다!

    이제 '메타버스'는 아주 친숙한 용어가 되었다. MZ세대 간 소통의 공간이 현실에서 가상세계로 확장되면서 기업에서도 지원자를 겨냥해 메타버스 채용에 나서고 있다. 메타버스는 가상을 뜻하는 '메타(meta)'와 현실세계를 의미하는 '유니버스(universe)'의 합성어로, 현실과 가상세계를 혼합한 공간을 의미한다. 김상균 교수는 일반적인 인터넷 서비스, 모바일 플랫폼과 비교해 메타버스가 가진 특징을 '스파이스(SPICE) 모델'이라고 칭했다. 메타버스에서는 모든 경험이 단절되지 않고 연결되며(Seamlessness), 물리적 접촉이 없는 환경이지만 사용자가 사회적, 공간적 실재감(Presence)을 느껴야 한다. 또한 현실세계와 다른 메타버스의 데이터와 정보, 경험이 서로 연동되며(Interoperability), 여러 명의 사용자가 동시에 활동하면서(Concurrent), 자유롭게 거래되는 돈의 흐름(Economy)이 존재해야 한다.

    메타버스 이용자들은 자신의 아바타를 통해 직접 물건을 만들어 팔고, 가상현실에서 통용되는 화폐로 쇼핑도 하며 때로는 유명 연예인의 콘서트를 보러 가기도 한다. 코로나 팬데믹으로 갈 곳이 없는 사람들은 메타버스에서 자신들만의 세계를 건설하고 있다.

메타버스라는 용어는 원래 미국 소설가 닐 스티븐슨이 1992년에 쓴 소설《스노 크래시》에 처음 등장했다. 한국인 어머니와 미국인 아버지 사이에서 태어난 주인공 히로 프로타고니스트는 가상 신체 '아바타'를 이용해 가상세계인 메타버스에 머무는 시간이 많다. 현실에선 피자 배달로 돈을 벌어 마피아에게 빌린 돈을 갚는 신세이지만, 메타버스 속에서는 엄청난 검객이자 해커로 활약한다. 메타버스를 넘나드는 악당들이 현실세계에 사는 아바타 주인들의 뇌를 망가뜨리고, 히로가 결국 이들을 찾아 물리친다는 내용이다.

같은 소설에 등장했던 '아바타'라는 말은 2009년 제임스 카메론 감독의 영화 〈아바타〉를 통해 '디지털 미(Digital Me)'라는 뜻으로 이미 사람들에게 친숙한 용어가 됐다. '아바타'에 이어 이번에는 '메타버스'가 현실로 다가왔다. 사람들이 인터넷이나 스마트폰을 통해 조금 더 편리한 삶을 누리거나 다른 사람과 교류하는 데 이용해 온 디지털 공간은 모두 메타버스인 셈이다. 페이스북, 인스타그램, 카카오톡, 싸이월드는 가장 친숙한 형태의 메타버스다.

메타버스의 모습은 지금 이 순간에도 끊임없이 진화하고 있기에 메타버스를 하나의 고정된 개념으로 단정하기 어렵다. 페이스북, 인스타그램, 카카오스토리에 일상을 올리는 것, 인터넷 카페에 회원으로 가입해서 활동하는 행위, 온라인 게임을 즐기는 것, 이 모든 것이 메타버스에서 살아가는 방식이다. 기술 연구단체인 ASF(Acceleration Studies Foundation)는 메타버스를 '증강현실(AR) 세계',

'라이프로깅(Lifelogging) 세계', '거울 세계(Mirror Worlds)', '가상세계
(Virtual Worlds)' 4가지로 분류한다. 메타버스 세상에서 개별 아바타
가 지원자 본인이 원하는 프로그램을 선택해 주도적으로 참여할 수
있고, 1:1 문의와 상담도 언제든 가능하다. 현실 공간의 위기가 가
상공간의 일상을 만들고 있다. 2022년에는 메타버스 세대를 어떻
게 채용할 것인가를 고민해야 한다.

가상공간에서 아바타가 면접을 보는 '메타버스 채용 시대'가 열
렸다. 채용설명회, 면접, 신입사원 연수에 이르기까지 HR 전체로 활
용되고 있다. 먼저 채용설명회는 '메타버스'라는 가상공간에서 아
바타로 접속해 청중 수백 명을 대상으로 진행된다. 인사 담당자가
대형 콘퍼런스 홀에서 기업문화 등을 설명하고 청중으로부터 질의
응답을 받는다. 박수를 유도하거나 감정 표현을 할 수도 있다. 채용
설명회장을 찾은 아바타 상단의 이름표가 명찰 역할을 한다. 실제
채용설명회장처럼 발표 자료를 무대 중앙 대형 스크린을 통해 전달
한다. 기조연설 후에는 부서별로 소그룹을 나눠 업무 소개를 하고
1:1 질의응답 기회를 제공한다. 메타버스 기술은 딱딱하고 긴장감
이 맴돌던 면접장 분위기도 바꿀 것으로 기대된다. 고가의 양복·
구두나 헤어·메이크업 대신 아바타가 자신의 개성을 대변한다. 아
바타를 통해 블라인드 면접을 할 수도 있다. 채용 분야에서 메타버
스가 더욱더 널리 쓰일 전망이다.

메타버스 채용박람회 - 세계 동향

페이스북은 소셜미디어가 아니라 메타버스 기업이다!

페이스북은 2010년대 중반부터 메타버스를 미래사업으로 정해 투자하고 있다. 2014년에는 가상현실 헤드셋 스타트업인 오큘러스 VR을 20억 달러에 인수했다. CEO 마크 저커버그는 당시 "페이스북은 메타버스 기업이 될 것"이라며, "디지털 상품을 판매해 수익을 낼 것"이라고 말했다. 2021년 7월엔 관련 업무를 담당할 팀을 꾸리면서 메타버스 구현에 한 발 다가갔다. 페이스북은 회사 임직원들이 가상현실 공간에서 회의할 수 있는 시범 서비스인 '호라이즌 워크룸'을 선보였다. 임직원들이 자신의 아바타로 가상회의 테이블에 앉아서 화상회의에 참여하는 방식이다. 최대 16명이 가상회의 테이블에 앉을 수 있다. 페이스북은 2년 6개월간 '호라이즌 워크룸'을 개발했다. 저커버그는 "내 희망은 앞으로 사람들이 우리를 소셜미디어 기업이 아니라 진정한 존재감을 제공하는 '메타버스' 기업으로 생각하는 것"이라고 강조했다. 페이스북은 사람들이 만나 일하고 놀 수 있는 디지털 세계인 '메타버스'를 구축하기 위한 작지만 중요한 단계에 진입했다.

메타버스 대표 기업으로는 미국의 로블록스(www.roblox.com)를 꼽을 수 있다. 로블록스는 이용자가 직접 게임을 개발, 공유하고 다른 이용자와 플레이하는 메타버스 플랫폼이다. 데이비드 바수츠키와 에릭 카셀이 2004년 설립하고 2006년에 출시했으며 올해 3월 뉴욕증권거래소에 상장했는데 시가총액이 50조 원을 넘는다. 로블록스의 월간 방문자 수는 현재 1억 9,000만 명을 상회한다. 게임 개발자 수는 약 800만 명이며 관련 게임 수만 해도 약 5,000만 개에 달한다. 로블록스는 조잡한 그래픽에 단순한 게임 구성에도 직접 게임을 만들어 공유할 수 있다는 점을 강조하며 미국 10대들 사이에서 선풍적인 인기를 끌고 있다. 미국 경제방송 CNBC는 "로블록스가 청소년들이 머무르는 새로운 삶의 터전이 됐다"며 "로블록스의 향후 행보에 주목할 필요가 있다"고 보도했다. 미국의 16세 미만 청소년의 55%가 로블록스에 가입한 것으로 알려져 있는데 이들은 레고 모양의 아바타를 이용해 가상세계에서 스스로 게임을 만들거나 다른 사람이 만든 게임을 즐긴다. 로블록스는 그동안 게임에 국한되었던 것을 문화사업 등으로 영역을 확장하는 추세다. 실제 로블록스는 소니뮤직과 파트너십 계약을 맺고 가상공간 음악 사업에서 새로운 수익을 창출하기로 했다. 이는 비단 로블록스뿐만이 아니라 다른 메타버스 게임 회사인 포트나이트, 마인크래프트 등도 해당된다. 이것은 메타버스 영역 자체가 확대되고 있는 것을 의미한다.

포트나이트는 온라인 게임에서 메타버스 영역으로 확장한 대표적인 예다. 에픽게임즈가 제공하는 포트나이트는 배틀로열 장르의 게임이지만 다른 이용자들과 함께 콘서트나 영화를 관람할 수 있는 파티로열 모드를 제공한다. 2020년 4월 미국의 유명 래퍼 트래비스 스캇은 파티로열 모드에서 온라인 콘서트를 개최했다. 공연 당시 1,230만 명이 동시 접속했는데 공연 관련 수익은 2,000만 달러로 집계됐다. 콘서트 이후 트래비스 스캇의 음원 이용률은 25% 상승했다. 트래비스 스캇의 아바타가 착용했던 나이키 신발도 인기를 끌었다. 게다가 같은 해 9월 방탄소년단도 신곡 '다이너마이트'의 안무 버전 뮤직비디오를 파티로열 모드에서 전 세계 최초로 공개했다.

줌 피로가 높아지면서 메타버스가 뜬다

"화상회의를 할 때 여러 명의 얼굴과 내 얼굴을 계속해서 바라보는 데서 오는 피로감은 상당하다. 그런데 '진짜 내'가 아니라 아바타로 참여하면 보호막이 생긴 것처럼 편안함과 심지어 재미까지 느낄 수 있다."

'줌 피로'가 높아지면서 메타버스가 떠오르고 있다. 미국 샌프란시스코의 필립 왕과 쿠마일 재퍼, 사이러스 타브리지는 사람들이 어디에서든 편안하게 소통할 수 있도록 평소 좋아하던 게임을 접목해서 메타버스 플랫폼 '개더타운(Gather Town)' 서비스를 개발했다. 개더타운은 최근 가능성을 인정받아 2,600만 달러(약 290억 원) 규모 시리즈A 투자를 유치했다. 출시 1년 반 만에 이용자도 400만 명을 넘어섰다. 개더타운은 사무실, 학교 캠퍼스 외에도 새롭고 다양한 템플릿 맵을 빠르게 내놓으며 이용자의 반응이 뜨거워지자 확대에 나서고 있다.

메타버스 확대에 관련 기기 시장도 꿈틀대고 있다. 특히 AR·VR·MR을 아우르는 XR(eXtended Reality) 산업이 주목받고 있다. 글로벌 컨설팅 그룹 PwC에 따르면 2021년 1,485억 달러(약 170조 원)로 추정되는 XR 시장 규모는 2030년 1조 5,429억 달러(약 1,766 조 원)로 10배 성장이 예상된다. 메타버스는 새로운 디지털 지구를 만들면서 XR 산업으로 크게 확대될 전망이다.

JOB TREND
03

메타버스 채용박람회 - 국내 동향

기업 명찰을 단 아바타가 채용 부스에서 구인하는 시대다!

메타버스에서 열린 채용박람회에 수천 명의 학생이 모였다. 코로나19로 대학이 대면 취업박람회를 열 수 없게 되면서, 첨단기술을 활용한 새로운 구인·구직 풍속도가 등장한 것이다. 2021년 9월 메타버스 플랫폼 개더타운에서 열린 취업박람회는 서울대·연세대·고려대·서강대·성균관대·한양대 등 서울 지역 6개 대학이 공동으로 주최했다. 2주간 삼성그룹 9개 계열사와 LG그룹 8개 계열사, KT·오뚜기·효성그룹 등 국내외 80여 기업이 순차적으로 참여했다. 일주일간 진행된 사전 접수에만 5,000명이 등록했는데 매년 각 대학이 자체적으로 개최하던 취업박람회를 여러 대학이 함께 마련한 것은 이번이 처음이다.

가상세계의 채용박람회는 실제 박람회와 비슷한 방식으로 진행된다. '홍길동' 등 이름표를 단 학생들의 아바타는 부스를 찾아가고, 상담 카드를 작성한 뒤 회사에 대한 설명을 듣느라 분주하다. 원하는 기업의 부스 앞에서 키보드를 누르면, 이름과 휴대전화 번호 등을 적어 낼 수 있는 링크로 연결된다. 부스 앞에는 1~18번까지 순번이 적힌 대기석도 있다.

인사 담당자와의 상담은 실시간 화상대화로 이뤄진다. 학생 아바타가 인사 담당자의 아바타와 마주 서면 자동으로 화면이 연결된다. 건물을 나서 옆 건물로 아바타를 이동하자 체육관처럼 꾸며진 공간에서 공개채용박람회가 열리고 있다. 시간대별로 LG화학 · SGI서울보증 등 대기업 인사 담당자가 등장해 "우리 기업이 원하는 인재는 어떤 사람인지", "어떻게 자기소개서를 작성해야 하는지" 등에 대해 설명한다.

학생들은 메타버스 채용박람회에 대해 높은 만족을 나타냈다. 사람이 북적거리고 발품을 팔아야 하는 오프라인 박람회보다 간편하고 원하는 정보를 더 쉽게 얻을 수 있다는 것이다. 상담 신청서를 낸 뒤에 기다리지 않고 다른 기업 부스를 돌아다니다가도 상담 순서가 되면 곧바로 부스로 돌아갈 수도 있다. 박람회 인터넷 게시판에는 "가고 싶은 박람회가 줄줄이 취소되어 속상했는데 많은 정보를 얻고 간다", "힘들여 직접 돌아다니지 않아도 원하는 기업을 찾아다닐 수 있어서 편리하다", "오프라인과 똑같이 담당자들이 친절하게 설명해줘서 직무에 대한 정보를 많이 알게 됐다" 등의 후기가 적혀 있다. 한 상담 부스에서 20분 여간 상담을 받은 재학생은 "메타버스가 궁금해서 들어왔는데, 실시간 영상으로 자동 연결돼 내친김에 상담까지 받았다"고 했다. 메타버스는 공간 제약이 없어서 대학생들이 쉽게 참여할 수 있고, 기업의 호응도 나쁘지 않다. 실제 부스를 차리는 비용을 절감하면서 오히려 상담에만 집중할 수 있게 됐다는 것이다. 학생들이 오프라인에서 취업박람회를 할 때보다 질문도 더 편하게 한다. 각 대학들은 지난해 초 코로나19가 시작되고 채용박람회를 열지 못하게 되면서 졸업생들의 취업 문제로 고민이 많았다. 상당수 대학이 화상회의 프로그램 등을 활용해 자체 비대면 설명회를 열었지만, 프로그램이 제각각인 데다 노하우도 없어 대학과 기업 모두 난감한 상황이었다. 메타버스 박람회는 게임 등으로 가상현실에 친숙한 젊은 층의 만족도가 높은 데다, 기본적인 진행 방식이 현실세계와 다를 바 없다는 점에서 앞으로도 적극 확산될 전망이다.

코트라(KOTRA)도 '메타버스 채용박람회'를 진행했다. 호주 시드니에서 열리는 온라인 취업박람회를 위해 메타버스 플랫폼 '개더타운'을 활용했다. 코트라 시드니 무역관 이경석 차장은 "메타버스 취업박람회를 준비한 것은 이번이 처음이며 코로나 팬데믹 영향으로 호주 국경이 봉쇄된 상황을 고려한 것"이라고 말했다. 국내 구직자들이 취업을 희망하는 기업과 사전 면접을 진행하는 '선(先) 합격 · 후(後) 입국' 형태의 화상 상담회도 추진한다. 1차 면접 합격자는 국

메타버스 채용박람회 트렌드 현황

기업 이름	시기	내용
SK텔레콤	2021년 4월	메타버스 서비스 '점프 버추얼 밋업'을 활용 채용설명회 개최
LG전자	2021년 9월	해외 거주자를 대상으로 메타버스 채용설명회 '하이엘지' 개최
KOTRA	2021년 8월	청년들의 호주 취업을 지원 '2021 호주 취업박람회' 개최
서울대학교	2021년 9월	2021 DREAM ON 서울대학교 메타버스 채용박람회

경 재개방 시기까지 코트라에서 현지 적응 · 역량 강화 프로그램을 지원받으며, 향후 입국 시 해당 기업과 최종 면접을 통해 취업 기회를 얻는다. 구직자들을 위해 AI(인공지능) 역량 평가도 운영하고 있다. 구직자의 직무적합도, 역량 강약점 등에 대해 파악할 수 있는 도구다. 메타버스 박람회는 국내뿐만 아니라 해외에서도 참가할 수 있다.

제페토는 2018년 네이버 자회사인 '스노우'의 독립 법인인 '네이버제트'가 개발해 세상에 선보인 플랫폼이다. 이용자는 얼굴 인식, AR, 3D 기술이 적용된 아바타로 다른 사람들과 교류할 수 있다. 특히 제페토는 해외 청소년들의 큰 사랑을 받고 있다. 총 2억 명의 전체 이용자 중 90%가 해외 접속자이며 80%가 10대 청소년이다. 제페토의 인기에 엔터테인먼트도 들썩이고 있다. 현재 방탄소년단, 블랙핑크 등 유명 가수들이 제페토에서 아바타로 활동하고 있다. 이들은 제페토를 통해 뮤직비디오를 공개하거나 심지어는 가상 사인회를 진행하기도 한다. 최근 네이버 입사 교육에도 제페토가 사용됐다. 대면 진행이 어려운 상황에서 강구해낸 최선의 방안이었다. 네이버는 신사옥 '그린팩토리'를 제페토에 3D로 구현, 신입사원들이 사옥을 탐방할 수 있도록 했다. 신입사원들은 사상 처음으로 진행된 메타버스 교육에 '아바타 인증샷'을 찍는 등 흥미를 갖고 참여했다는 후문이다.

엔씨소프트는 MZ세대에게 새로운 팬덤 문화를 제공하기 위해 '유니버스'를 선보였다. 유니버스는 지난 1월 출시된 아티스트와 팬들의 소통 플랫폼이다. 엔씨소프트는 강다니엘 등 K팝 스타들의 콘텐츠를 독점으로 제공해 팬들의 참여를 이끌어냈다. 이용자는 아티스트를 본뜬 아바타로 직접 뮤직비디오를 만들 수도 있으며 AI를 기반으로 만들어낸 실제와 유사한 목소리로 소통할 수도 있다. 지난 2월에는 온라인 라이브 콘서트 'UNI-KON'도 개최했다. 엔씨소프트는 이용자들이 다양한 각도에서 관람할 수 있도록 멀티뷰 기능을 제공해 몰입도를 높였다. 추후에는 증강현실, 혼합현실 등의 기술을 콘서트에 활용해 메타버스 세계관을 강화할 예정이다.

넥슨은 이틀간에 걸쳐 메타버스 플랫폼 '개더타운'에서 온라인 채용설명회 '채용의 나라'를 개최했다. 채용설명회도 시작은 여느 게임과 다름없다. 넥슨으로부터 제공받은 링크에 접속하자 자신의 아바타와 닉네임을 선택할 수 있는 화면이 나타난다. 헤어스타일부터 상의, 하의, 모자 등을 취향에 맞게 선택할 수 있다. 가상세계 속 '나'를 대체하는 캐릭터를 만드는 과정이다. 캐릭터 생성을 마치자 조선의 느낌이 물씬 풍기는 가상세계가 펼쳐진다. 넥슨은 1996년 출시한 온라인 게임 '바람의 나라'의 맵 중 '부여성'을 그대로 가상세계에 구현했다. 조작법도 게임 같아서 일반적인 PC 게임처럼 키보드 W·A·S·D를 이용해 상·하·좌·우로 움직인다. 학창 시절 고전 게임을 하는 느낌이다. 이리저리 맵을 돌아다니다 보면 '출석 체크'라는 간판이 달린 큼직한 대문과 마주한다. 문 양옆으로 '스태프'가 서 있고, 10여 명의 참석자가 줄을 지어 입장을 기다리고 있다. 출석 체크는 '육성'으로 진행된다. 아바타가 만나면 카메라가 켜지며 '화상 대화'가 가능하다. 참석자가 "김철수 님! 출석 체크 부탁드립니다"고 말하면 스태프가 명단을 확인 후 "입장하세요"라고 한다. 두 사람의 대화가 진행되는 동안 다른 참석자들은 마치 약속이라도 한 듯 마이크와 카메라를 끄고 조용히 자신의 차례를 기다렸다가 대화가 끝나면 조심스레 마이크를 켜서 "제가 질문해도 될까요?"라고 묻는다. 비록 가상세계이지만 참석자들의 행동은 '현실'과 다르지 않다.

SKT는 소셜 커뮤니케이션 서비스 버추얼 밋업을 출시했다. 가상의 컨퍼런스 공간에서 대형 스크린, 무대, 객석 등을 3차원으로 구현했다. 1명의 방장을 포함해 최대 121명이 한 공간에 모일 수 있다. 이용자는 개인 취향에 따라 얼굴, 머리 모양, 복장 등을 선택해 나만의 아바타를 만들고 가상 모임에 참여해 다른 아바타들과 대화할 수 있다. 누적 가입자 300만 명이 넘는 SKT의 기존 메타버스 플랫폼 '점프 버추얼 밋업(Jump Virtual Meetup)'을 운영해 온 노하우를 바탕으로 사용 편의성을 높이고, MZ세대의 니즈에 맞춘 서비스 기능을 대폭 강화한 새로운 메타버스 플랫폼 '이프랜드(ifland)'로 메타버스 채용설명회를 진행했다. SKT는 회의, 발표, 미팅 등 메타

SK 메타버스 플랫폼 이프랜드

버스의 활용성이 다양해지는 사회 흐름을 반영해 이프랜드 안에서 원하는 자료를 문서(PDF), 영상(MP4) 등 다양한 방식으로 공유하는 환경을 구축했다. 하나의 룸에 현재 130명까지 참여 가능하고, 추후 수백여 명이 참여하는 대형 컨퍼런스도 무리 없이 진행될 수 있도록 확대할 계획이다. 사용자 호평이 이어지며 포스트코로나 시대에도 HR 분야에서 메타버스 기술이 지속적으로 활용될 것으로 기대된다.

LG그룹은 구광모 회장이 미래 먹거리 중 하나로 메타버스 사업을 점찍으면서 계열사들이 해외 인재 채용에 메타버스를 활용하고 있다. LG이노텍도 이틀간 메타버스에서 채용설명회를 진행한다. 참가 대상은 해외 대학 이공계 석박사와 포스트닥터(Post Doctor, 박사후 과정) 등이다. LG이노텍은 인공지능(AI)과 시뮬레이션, 광학, 기판 소재, 차량 부품 등 전 사업 분야에서 개더타운을 통해 채용설명회를 연다.

LG디스플레이, LG화학, 현대모비스, 하나은행은 이미 신입사원 교육을 메타버스로 진행했다. 가상교육장에서 수백 명의 신입사원 본인의 아바타로 동기들과 영상 대화를 하고, 미니게임, 릴레이 미션 등 다양한 교육 프로그램을 할 수 있다. 대강당, 직무교육 수강방, 강의실, 휴게실, 식당 등 현실세계 교육센터에서 제공하는 모든 공간을 메타버스 환경에서 선보인다. LG그룹이 메타버스 사업에 적극 나서는 것은 시장 성장 기대감 때문이다. 메타버스는 아직 초기 단계이지만, 경험을 중시하는 MZ세대를 중심으로 게임, 가상 공연, 제조, 의료 등 다양한 산업에 적용될 것으로 전망된다.

하나은행은 최근 메타버스 플랫폼 '제페토'의 '하나글로벌캠퍼스' 가상 연수원에서 신입 직원을 대상으로 멘토링 프로그램 수료식을 개최했다. 수료식에는 박성호 하나은행장도 아바타 캐릭터 '라울(Raul)'로 참석해 직원들의 아바타와 기념촬영을 했다. LG전자 또한 가상공간에 LG트윈타워와 CMU 캠퍼스를 실제 모습과 매우 유사하게 만들어 수료식을 진행했다. 참석자들은 아바타를 활용해 LG트윈타워와 CMU 캠퍼스를 둘러보는 시간을 갖고 이후 CMU 캠퍼스에 마련된 행사장으로 자리를 옮겨 수료증을 받았다.

포스코건설도 메타버스 플랫폼을 활용해 인천 소재 대학생을 대상으로 청년 취업 문제 해결을 위한 4주간의 비대면 인턴 실습 프로그램을 진행하고 있다.

코로나19 팬데믹으로 '비대면'이 일상이 된 가운데 가상과 현실이 공존하는 메타버스는 앞으로도 더욱 확산될 것이다.

메타버스 기술을 가장 잘 활용하는 기업은 부동산 플랫폼 직방이다. 직방은 메타버스 플랫폼 '메타폴리스'를 자체 개발해 HR은 물론 업무 전반에 활용하고 있다. 직방의 모든 임직원은 '메타폴리스'라는 가상세계에서 자신의 아바타에 로그인하고 가상 빌딩으로 출퇴근해 회의, 보고, 미팅 등 현실세계의 모든 업무를 처리한다. 최근 롯데건설은 직방의 '메타폴리스'를 도입해 주택 사업 전반에 걸쳐 디지털 전환 속도를 높이겠다는 청사진을 제시했다. 전시장, 세미나실, 컨퍼런스홀 등 공간 임대 부담이 없는 만큼 대기업은 물론 벤처, 중소기업을 대상으로 HR 서비스가 확산될 전망이다.

삼성전자는 2018년 VR 헤드셋인 '오디세이 플러스'를 출시하면서 관련 사업을 키워나가려는 움직임을 보였지만 그 후 소식이 없었다. 그런데 2020년 10월 미국 특허청에 VR 헤드셋 브랜드로 추정되는 '갤럭시 스페이스'를 상표 등록하면서 다시 시장에 참여하기 시작했다. 지난 1월에는 세계지식재산권기구 부속기관인 헤이그국제디자인시스템에 혼합현실 헤드셋과 컨트롤러에 관한 특허를 등록했다. 업계는 곧 삼성전자가 새로운 VR 헤드셋을 선보일 것으로 예상한다. 삼성은 메타버스 활성화에 필수적인 VR 기기를 지속적으로 연구하기 때문에 2022년에는 본격적으로 메타버스 시장 진출을 선언할 가능성이 높다.

이런 흐름에 따라 최근 정부는 기획재정부, 문화체육관광부, 과학기술정보통신부가 공동으로 '메타버스 TF'를 꾸렸다. 정책적으로 메타버스 산업을 지원할 부분을 살피고 궁극적으로는 '메타버스 정부'까지 구현한다는 계획이다. 메타버스 산업은 대기업, 정부, 중소기업 등 기하급수적으로 규모가 성장하고 있다.

메타버스에서 유의해야 할 점 5가지

메타버스와 현실은 다를 수밖에 없다. 메타버스에 참여할 때는, 사전에 아바타와 시뮬레이션을 해봐야 한다. 실제 화상으로 연결되어 상담을 할 수 있지만 가상현실에서 게임하듯 긴장이 풀리면 오히려 좋지 않을 수 있다. 좀 더 유의해야 할 점을 정리해둔다.

1. 메타버스에서도 현실처럼 에티켓이 필요하다

메타버스에서 감정이 더욱더 흥분 상태가 될 수 있으니 좀 더 신중해질 필요가 있다. 메타버스에서는 상대방과의 메시지를 대충 읽고 판단하기 쉽다. 예를 들면 한 명의 친구가 내가 일주일 동안 올린 10개의 포스팅을 제대로 읽지도 않고 한꺼번에 '좋아요'를 눌러서 황당했던 경험이 있을 것이다. 현실에서 에티켓이 있듯이 가상현실도 매너를 지켜야 한다.

2. 메타버스에서 보여준 모습이 실제 모습과 다를 수 있다

가상현실에서는 타인에게 알리고 싶지 않은 것들을 무의식적으로 삭제한다. '날것을 올리기'보다 '남을 의식하고 올리기' 쉽다. '현실에서 보여주고 싶지 않은 나'를 빼고 '내가 보여주고 싶은 모습'을 보여주다 보면 현실과 다른 모습이 될 수 있다. 메타버스에서 실제 모습과 다를 수 있다는 것을 감안해야 한다.

3. 한 명이 여러 개의 메타버스를 동시에 살아가는 멀티페르소나의 세상이다

메타버스에 따라서 다른 성향을 나타내면 자신의 고유한 캐릭터를 형성하는 데 좋지 않을 수 있다. 본캐, 부캐 등 내가 누구인지 어떤 사람인지 정체성이 파편화되어서 붕괴될 수도 있다. 자신의 정체성을 잃지 않으면서 멀티페르소나의 세상에 적응해야 한다.

4. 메타버스에서 만난 사람을 현실세계에서 만나면 친밀감을 느낀다

페이스북에서 알고 지냈던 사람을 현실세계에서 만나도 가깝게 느낀다. 메타버스에서는 다른 사람의 사진, 이름, 이미지 등을 반복적으로 보게 된다. 노출 빈도가 높을수록 친밀감에 관한 착시 현상도 일어나는 것을 인지해야 한다.

5. 메타버스에서는 불편함을 못 참고 언제라도 관계를 끊어버릴 수 있다는 통제감을 갖고 있다

특정 정치 성향이나 종교색을 강요하는 글, 누군가를 원색적으로 비난하는 글, 허풍이 가득한 자기과시 글 등을 메타버스에서 만나면 언제라도 버튼을 눌러 관계를 끊어버릴 수 있는 통제감을 갖는다. '통제감 효과(Controllability Effect)'란 자기 스스로 통제할 수 있을 때는 스트레스가 감소하고 자기 스스로 상황을 통제할 수 없을 때는 스트레스가 가중되는 것이다. 메타버스 환경에 맞게 유연성을 가지고 자신에게 맡겨진 역할을 수행해야 한다.

참고문헌

· 김근욱, 〈[르포] 메타버스 채용행사 '취준생 아바타' 긴 줄…대기표 뽑았다〉, 뉴스1, 2021. 09. 02.

· 김수현 · 백지수 · 이동우, 〈직장 동료가 귀여워졌다…온라인 게임 닮은 회의시간〉, 머니투데이, 2021. 05. 30.

· 권혁준, 〈아바타로 면접 · 교육…채용시장도 '메타버스' 열풍〉, 서울경제, 2021. 07. 30.

· 김용수, 〈아바타가 나 대신… 메타버스 채용설명회 가보니〉, 시사저널, 2021. 04. 15.

· 백일현, 〈메타버스로 해외취업박람회 참가…코로나로 선 합격 · 후 입국〉, 중앙일보, 2021. 08. 03.

· 송기영, 〈메타버스에 꽂힌 구광모… 관련 기업 투자하고 해외 인재 채용에도 활용〉, 조선비즈, 2021. 08. 17.

· 이준희, 〈메타버스, 하반기 채용 트렌드 바꾼다…"아바타로 면접 보고 교육받아"〉, 전자신문, 2021. 07. 21.

· 조유미, 〈메타버스 채용설명회에 기업 80여개 참여〉, 조선일보, 2021. 09. 04.

· 황정수, 〈'메타버스'에 꽂힌 마크 저커버그…페이스북 '가상회의' 앱 공개〉, 한국경제, 2021. 08. 20.

· 김상균, 《메타버스》, 플랜비디자인, 2020.

소셜 리크루팅

•

SNS을 통한 채용 경로 다각화

격변의 시기에 가장 큰 위험은 격변 그 자체가 아니라 어제와 같은 논리로 행동하는 것이다.
- 피터 드러커

01

SNS을 통해 채용하는 시대

2022년 기업들의 채용 속도가 눈에 띄게 빨라지고 있다. 공채에서 수시·상시채용으로 진화하면서 상시적으로 잡포스팅(job posting)을 올리고 채용 전형을 진행해야 하는 어려움이 생긴 것이다. 과거의 채용은 마치 낚싯대를 무작정 걸쳐놓고 물고기가 와서 물면 낚아채는 방식이었다면, 이제는 지원자들이 모여 있는 공간을 찾아가는 추세다.

코로나19 확진자가 급증하고 있는 요즘 서울대·연세대·고려대 등은 학생들과 기업을 온라인으로 이어주기 위해 '온라인 캠퍼스 리크루팅'을 활발하게 펼치고 있다. 쿠팡은 신입 개발자 채용을 위한 '온라인 테크 캠퍼스 리크루팅'을 진행하기도 했다. 예전에는 캠퍼스에 직접 찾아가 인재를 선발하는 '캠퍼스 리크루팅'을 했다면 요즘은 '소셜 리크루팅'을 하고 있다.

'캠퍼스 리크루팅'은 신입 채용을 앞두고 우수 인재를 확보하기 위해 기업 관계자가 대학 캠퍼스를 직접 방문해 회사와 채용 전형을 소개하고 상담해주는 오프라인 프로그램으로 취준생에게 중요한 구직 창구였다. 기업 채용 담당자가 인터넷에서 접할 수 없는 내용을 생생하게 전달해주고 상담에 참여한 취준생에 대한 평가를 기록하여 채용 과정에서 가산점을 주는 회사도 있다. 최근에는 '캠퍼스 리크루팅'마저 온라인으로 변하는 중이다.

소셜 리크루팅 전성시대가 온다

'소셜 리크루팅(Social Recruiting)'이란 소셜미디어를 통해 채용하는 활동을 말한다. 예전에는 필요한 인원을 예측해서 인사부서에 충원 요청을 하면 한꺼번에 채용 공고를 내고, 서류, 면접 등을 통해 직무에 맞는 사람을 뽑는 방식이었다.

앞으로는 소셜미디어를 활용한 '소셜 리크루팅'이 더욱더 확대될 전망이다. 기존의 채용 채널들과 비교할 때 비용이 적게 들 뿐만 아니라 소셜미디어의 놀라운 파급력을 활용해 채용 계획을 널리 홍보할 수 있기 때문이다.

예전에는 채용 공고를 올리면 관심 있는 지원자들이 이메일로 소통하면서 시간을 많이 보냈다면, 요즘은 쪽지, 멘션, 트윗 등 메신저를 통해 실시간으로 소통하고 있다. 게다가 소셜 리크루팅은 국내뿐 아니라 해외로까지 전달되면서 파급력이 커지고 있다. 전 세계에 퍼져 있는 우수한 인재들에 대한 접근이 가능해 지리적 한계성을 극복할 수 있다.

넓게 보면 링크드인을 통해 채용 대상자를 찾거나, 인스타그램이나 페이스북에 채용 공고를 올리고 지원자에게 메시지를 보내거나, 트위터에 채용 공고 사이트를 트윗하거나, 유튜브에 채용 안내 비디오를 공유하는 것도 소셜 리크루팅에 해당된다.

	캠퍼스 리크루팅 (Campus Recruiting)	소셜 리크루팅 (Social Recruiting)
장점	직접 얼굴과 목소리 등을 볼 수 있기 때문에 채용시 편리함.	소셜미디어를 활용하기 때문에 비용은 저렴하면서 파급력이 뛰어남.
단점	캠퍼스에 가야 하니 거리와 시간이 많이 들어서 채용 비용이 상승함.	직접 대면으로 보지 않고 컨택트하니 허수가 있을 수도 있음
유의점	주요 캠퍼스를 돌아다니면서 기업을 홍보하기 때문에 지방대 등에게는 혜택이 없음	소셜미디어를 활용하다 보니 잘못된 소통으로 문제가 더욱더 커질 수 있으니 유의해야 함.

채용은 기업의 경쟁력을 만드는 초석이다. 교육이 백년대계(百年大計)이듯이 채용도 기업의 백년 앞을 내다보고 세우는 계획이다. 이제 채용 담당자는 단순히 지원자를 기다리는 수동적 태도에서 인재 영입을 위한 능동적 태도가 필요하다.

JOB TREND

02

소셜 리크루팅 – 세계 동향

세계적 기업들은 이미 소셜 리크루팅이 보편화되어 있다

코로나19로 인해 캠퍼스 리크루팅, 대규모 채용박람회 등 대면 채용 행사가 취소되면서 세계적 기업들은 채용 관련 정보를 접하기 어려워진 구직자들을 위해 SNS를 통해 실시간으로 채용하고 있다. 채용 플랫폼 잡바이트 조사에 따르면 2020년 4월 15개 업계 채용 담당자 200명 중 84%가 채용 과정에서 소셜미디어(SNS)·이메일·챗봇·화상회의 서비스 등 원격 의사소통을 적극 수용한다고 응답했다. 또한 미국인사관리협회(SHRM)가 2016년 소셜미디어 채용에 대해 설문조사한 결과 84%의 기업은 이미 소셜 리크루팅을 진행했고, 당시 기준으로 9%는 향후 사용할 계획이라고 응답했다. 일반 연봉직은 87%, 관리직은 82%가 소셜미디어를 통한 채용이 진행되었지만, 시간제 근무자나 임원은 상대적으로 빈도가 적었다. 직급에 따라서 소셜 리크루팅에 대한 선호가 다르다는 것을 알 수 있다. 구체적으로 소셜미디어에 따라 어떻게 다른 채용 전략을 짜야 하는지 살펴보자.

기업마다 채용 담당자의 기호와 성향에 따라 선호하는 소셜미디어가 다르다. 소셜미디어마다 각각의 특징이 있기 때문이다. 고용 브랜드를 전파하고 잠재적인 후보자를 유인하고자 하는 기업 입장에서는 타깃 인재들이 많이 사용하는 소셜미디어를 선택함으로써 비용 대비 높은 효과를 거둘 수 있다. 예를 들어 빠르게 개발자를 뽑아야 하는 스타트업이라면 인맥 위주의 페이스북을 타깃팅하는 것이 바람직할 수 있다.

'소셜 리크루팅'은 채용 공고를 올리기도 하지만 링크드인, 페이스북, 인스타그램, 유튜브 등을 통해서 지원자의 정보를 파악할 수 있다. 북미는 링크드인을 활용하는 기업이 압도적으로 많은 반면 유럽 및 아시아 기업은 페이스북을 선호한다. 최근 유튜브가 범세계적인 대세로 바뀌고 있다.

	링크드인	페이스북	인스타그램	트위터	핀터레스트	유튜브
분류	비즈니스용	인맥 관리용	사진 공유	단문 메시지	관심사 공유	동영상 공유
특징	고학력 고소득 사용자 다수	중장년층 사용	젊은 세대 인기	사회비판	여성 비율 높음	전파력이 강함
유의점	기업의 채용, 신제품 발표 등 관련 업종에 관심 있는 사람들과 교류하기 좋음.	가장 신뢰하는 SNS공간으로 입소문 홍보력이 높음.	직관적으로 일상의 사진, 다양한 해시태그로 정보를 제공함.	다양한 정보를 빠르게 리트윗 가능하나 긴 콘텐츠가 어려움.	관심 있는 이미지를 핀으로 꽂아 놓은 형식으로 가장 비주얼한 정보 전달력이 높음.	자유롭고 직접적인 동영상으로 다양한 브랜딩을 할 수 있음.

'도브' 비누와 '바셀린' 로션을 생산하는 다국적 기업 유니레버는 지원자가 동의하면 구인구직 소셜미디어 링크드인에서 프로필 정보를 끌어와 지원서를 작성해준다.

세계적으로 채용에서 가장 많이 쓰이는 플랫폼은 링크드인 (LinkedIn.com)이다. 링크드인은 친목을 목적으로 하는 페이스북이나 인스타그램과 달리 구인구직자를 연결하는 온라인 채용 플랫폼이다. 우선 저렴한 비용으로 필요한 인재를 미리 발굴하고 채용할 수 있다. 링크드인은 262억 달러(약 30조 원)로 MS에 인수되고 200여 개국에서 6억 7,500만 명을 확보한 강력한 채용 도구로 성장했다. 링크드인의 독보적인 플랫폼에 MS의 기술력이 더해지면서 SNS 시장은 물론 구인구직 분야에서 영향력이 더욱 커졌다. 링크드인은 지난 2002년 페이팔 최고운영자(COO) 출신의 리드 호프만이 전문가들을 네트워크로 연결하겠다는 포부로 설립한 회사다. 당시 리드 호프만은 6명만 거치면 전 세계 사람들과 간접적으로 알게 된다는 가설을 근거로 자신의 사재를 털어 링크드인을 만들었다. 구인구직 플랫폼 외에 링크드인의 핵심 서비스는 바로 비즈니스 뉴스다. 연예기사나 음모론에 가까운 뉴스들이 아닌 산업, 금융 등 구인구직자들에게 도움이 될 수 있는 뉴스들이다. 회원들의 직장이나 경력 등에 따라 맞춤형 뉴스가 제공된다. 링크드인의 뉴스를 총괄하는 편집장은 미국 경제지 포춘 출신의 댄 로스이다. 그와 함께 60여 명의 기자들이 언론사에서 나온 기사들을 고르고 가공한다. 페이스북 공유 기능처럼 클릭하면 해당 언론사로 연결되는 아웃링크 방식도, 네이버처럼 언론사 뉴스를 그대로 자사 페이지에 올리는 인링크 방식도 아니다. 링크드인은 자체 콘텐츠도 생산하면서 기사의 질을 높이고 있다. '적절한 사람에게 적절한 뉴스(Right news to the Right people)'를 슬로건으로 내세우면서 정제되지 않은 뉴스나 가짜 뉴스들은 걸러내 다른 소셜미디어에 비해 가장 신뢰받고 있다. 버진그룹의 리처드 브랜슨 회장, 페이팔 창립자 피터 틸 같은 유명 인사들은 업계 뉴스를 공유하며 적극적으로 자신의 의견을 피력하기도 한다.

포춘 500대 회사 중 무려 92%가 가입해 있는 링크드인은 비즈니스 SNS로 구직자들이 개인정보, 학력, 경력 사항 등 자세한 자신의 프로필을 올려놓으면 인사 담당자들이 군이 해외로 나가지 않더라도 링크드인을 보고 원하는 인재를 뽑을 수 있다. 또한 지원자들이 자신의 프로필을 직접 인사 담당자에게 보내는 기능도 있다.

구글, 마이크로소프트 등은 2~3년 전부터 인재를 검색하는 전담

소셜미디어를 활용한 소셜 리크루팅

조직을 신설하고 나라별 인재 지도(talent mapping)를 작성하고 있다. 인재분석팀을 신설해 링크드인의 인재 프로필 변화를 살피며 현재 어떤 기업이 어느 분야의 인재를 채용하고 있는지 분석해낸다. 경쟁사가 어떤 분야에 관심을 가지고 인재를 받아들이는지 사전에 파악하고 이에 대비하려는 것이다.

글로벌 기업이 소셜 리크루팅에 앞장서는 이유는 무엇일까?

구글은 링크드인에서 1,300만 팔로워를 보유하고 있다. 페이스북처럼 각종 동영상, 이미지를 곁들인 게시물들이 올라오고 이용자들은 '좋아요'나 댓글로 반응한다. 형식은 비슷하지만 다루는 내용은 페이스북과 차이가 있다.

모든 가입자가 커리어 프로필을 가지고 있기 때문에 후보자 검색이 용이하다. 프리미엄 서비스에 가입하면 검색 필터를 여러 개 설정해 정교하게 찾을 수도 있고 검색된 후보에게 메일을 보낼 수도 있다. 산업 및 주제별 소그룹도 활성화돼 있으며 비즈니스 및 커리어 관련 최신 콘텐츠가 빠르게 갱신된다. 하지만 리크루터가 너무 많아 지원자를 구하기가 어려워졌다는 평가도 있다. 2017년 23억 달러였던 링크드인 매출은 2018년 53억 달러로 증가했고, 2022년에는 100억 달러(11조 6,200억 원)에 이를 것으로 예상된다.

페이스북은 참여자의 활동을 실시간 뉴스피드로 전달하는 소셜 미디어의 대명사 같은 플랫폼이다. 2020년 2분기 기준 전 세계 약 27억 명의 이용자를 보유하고 있는 만큼 가장 다양한 잠재적 후보자에게 접근할 수 있고, 검색 기능을 이용해 후보자를 찾을 수도 있으며, 포스팅 내용을 통해 후보자에 대한 정보를 얻을 수 있다. 구직자의 84%는 페이스북 프로필을 가지고 있으며 81%는 페이스북에서 채용 공고를 보기를 원한다는 조사 결과도 있다. 소셜 리크루팅을 할 때 페이스북 메시지가 자주 쓰이지는 않지만 이에 대한 응답률은 높은 편이라고 한다.

유튜브는 매월 10억 명 이상이 사용하며 젊은 층이 가장 선호하는 소셜미디어이다. 동영상을 통해 고용 브랜드, 핵심 가치, 기업문화 등에 관한 콘텐츠를 전파하기에 매우 유리한 매체다. 회사 생활에 대한 구직자 Q&A, 현재 임직원들의 일상 브이로그, 동영상 기반의 몰입감 있는 채용 공고를 전파하는 채널로 활용하기에 좋다. 말로 구구절절 설명하는 방식보다 영상으로 '보여주는' 방식으로 기업에 대한 관심을 유발할 수 있기 때문이다. 디자이너, 크리에이터, 전문 강사 분야는 유튜브를 통해 소극적 지원자를 찾는 것도 가능하다.

인스타그램은 30대 중반까지의 후보군을 타깃팅하는 회사들에 최적의 플랫폼이다. 이용자의 90%가 35세 미만이기 때문이다. 이미지 기반의 콘텐츠는 동영상과 비슷한 효과를 얻을 수 있고, 카드뉴스에 채용 공고 외에 조직문화, 기업 뉴스 등 다양한 메시지를 담을 수 있다. 인스타그램 콘텐츠는 빠른 속도로 한 번 보고 지나가는 휘발성이 강하므로 하루 중 언제 게시해야 노출이 가장 많이 될 수 있을지를 고민하는 것이 매우 중요하다. 예를 들어 주된 이용자들이 점심시간에 인스타그램을 확인한다면 오전 11시가 좋다.

트위터는 140자 이내의 글을 간단히 올리기 쉬운 플랫폼으로 기업이나 브랜드 계정을 만들거나 인사 담당자 계정을 통해 당사의 채용 관련 정보를 공유한다. 리트윗(ReTweet)은 소셜 북마크로 트위터의 가장 핵심적인 기능이다. # 뒤에 단어를 붙이면 클릭 하나로 관련된 글을 검색할 수 있는데, 이를 '해시태그'라고 한다.

오프라인 방식은 비용이 많이 드는데도 불구하고 제한된 지원자만 접촉할 수 있지만, 소셜 리크루팅은 어디서든 수많은 지원자와 소통하고 재능을 확인해 저렴한 비용으로 필요한 인재를 발굴할 수 있다. 게다가 실시간 라이브 방송은 다양한 사람들의 의견을 빠르게 청취하면서 소셜미디어의 일방적 소통의 단점을 보완할 것으로 전망된다.

소셜 리크루팅 - 국내 동향

국내 채용 방식은 신문이나 웹사이트에 채용 공고를 올리는 것에서 잡코리아, 사람인, 커리어, 인크루트, 워크넷 등 온라인 채용 플랫폼으로 변화했다. 채용 플랫폼은 나라의 문화, 언어, 법규 등의 영향으로 전 세계가 단일 시장으로 묶이지 않는 산업 중에 하나다. 그래서 나라별로 서로 다른 기업들이 경쟁 구도를 형성하고 있다. 국내에서도 채용 플랫폼 간 경쟁이 치열하다.

우리나라는 다른 어느 나라보다 소셜미디어 이용률이 높다. 시장조사 업체 DMC미디어의 '2021 소셜미디어 시장 및 현황 분석' 보고서에 따르면 2021년 1월 기준 우리나라의 소셜미디어 이용률은 89.3%로, 세계 평균(53.6%)보다 약 1.7배 높았다. 국가별 순위로는 아랍에미리트(99%)에 이은 2위로, 2020년 2위였던 대만을 제치고 한 단계 올랐다.

국내 주요 소셜미디어별 순 방문자 수는 유튜브가 3,766만 명으로 가장 많았고, 다음은 네이버 밴드(1,965만 명), 인스타그램(1,885만 명), 페이스북(1,371만 명), 카카오스토리(919만 명), 트위터(517만 명), 틱톡(301만 명) 순이었다. 이 중 인스타그램과 트위터, 틱톡 이용자는 각

각 전년 동월 대비 7.1%, 11.3%, 5.4% 증가했지만, 페이스북과 카카오스토리는 각각 17.2%, 15.5% 감소했다. 트위터에 이어 페이스북마저 정치적 이슈와 광고성 게시물이 범람하면서 페이스북에 염증을 느낀 젊은 세대들은 인스타그램과 유튜브로 이동하고, 중장년층을 중심으로 청정구역을 찾아 링크드인으로 이동하고 있다.

로켓펀치(rocketpunch.com)는 2013년 스타트업 '채용' 서비스라는 정형화된 형식에서 벗어나 2015년부터는 비즈니스 네트워크 '커뮤니티'를 표방하는 플랫폼으로 영역을 넓혔다. 현재 IT 업종 종사자 약 20만 명의 프로필이 등록되어 있다. 소셜네트워크를 기반으로 기업과 구직자를 연결해 서로 관심 있는 인재, 기업의 소식을 실시간으로 받아볼 수 있다. 개인 공간에 글과 수상 기록 등을 업로드해 포트폴리오를 만들어 관리할 수 있고, 직무 관련 다양한 이야기를 업계 사람들과 나눌 수 있는 커리어 플랫폼이 활발하게 운영되고 있다.

원티드(wanted.co.kr)는 구직자의 지인이나 동료가 특정 기업에 구직자를 추천하고, 합격하면 보상을 해주는 서비스다. 200만 명의 인재 풀과 1만여 개 파트너 기업을 보유하고 있는 원티드는 추천제 채용 정보 플랫폼이다. 알음알음 지인을 추천해 채용이 성사되면 구직자와 추천인 모두에게 리워드를 주는 채용 보상금 제도를 운영하고 있다.

국내에서도 '한국판 링크드인'이 등장하고 있다. 2013년 '국민 명함 앱' 리멤버(rememberapp.co.kr)를 만든 드라마앤컴퍼니는 수기 입력이라는 독특한 방법으로 창업 7년 만에 가입자 300만 명을 확보하며 성장했다. 경력직 구인구직을 연결하는 리멤버 커리어 (career.rememberapp.co.kr)는 잠재적 구직자들이 자신의 경력을 등록하면 기업 인사팀과 헤드헌터만 프로필을 확인하고 이직을 제안할 수 있는 구조다. 링크드인처럼 네트워크 연결을 중시하면서도 구직 사실이 알려지는 것을 꺼리는 한국의 특성을 반영해 '폐쇄성'으로 차별화를 이뤘다. 리멤버 커리어는 1년 6개월 만에 가입자 70만 명을 돌파하며 인기를 끌고 있다.

국내 채용 플랫폼의 시작은 기업이 채용 공고를 직접 올릴 수 있는 인크루트, 사람인, 잡코리아 등이었다. 잡플래닛이나 글래스도어는 이보다 진화된 형태다. 실제 해당 기업에 다녔던 직원들의 평가를 통해 채용 여부를 판단할 수 있도록 도와준다.

기존의 노동시장 채널은 구인구직 게시판, 정기적으로 행해지는 공개채용, 헤드헌팅과 같은 제3의 중개 업체 등을 통해 이루어졌다. 하지만 광고에 크게 의존하고 있기 때문에 신문이나 잡지 등의 인쇄 매체를 통해 이루어져 비용이 많이 든다. 또 불특정 다수에게 대규모로 노출되기 때문에 자격에 맞지 않거나 회사가 원하는 직원상에 적합하지 않는 이들에게도 노출돼 비용 대비 효과가 크지 않다. 또 글로벌 사회에서 기업이 원하는 인재는 전 세계에 걸쳐 존재함에도 불구하고 기존의 채용 채널은 지리적 한계를 가지고 있다.

이처럼 기존 채용 채널은 높은 비용과 시간이 소요됨에도 불구하고 정작 유용한 결과를 얻어내지 못해 투자 대비 효과가 떨어진다는 문제점이 있다. 특히 일방적으로 이루어지는 광고나 공고 형태이기 때문에 지원자들과 지속적이면서도 깊이 있는 관계를 맺기

취준생을 응원하기 위해 지은 포스코 응원가

어렵다. 한두 페이지의 형식적인 이력서에서 벗어나 깊이 있는 실제적인 정보를 얻기 어려워 적성에 맞고 원하는 인재상에 걸맞은 사람을 뽑는 데 한계가 있는 것이다.

롯데는 유튜브 채널 '엘리크루티비'를 운영하면서 각 계열사의 직무 정보를 소개하고 있다. 롯데 입사에 관심 있는 구직자를 위한 '줌 토크'도 개최했다. 사전 신청자를 대상으로 이틀간 오전, 오후 모두 네 차례에 걸쳐 17개사 채용 · 직무 담당자가 출연해 줌으로 상담을 해준다.

포스코는 직무별 선배 사원이 팁을 상담해 주는 '소셜 리크루팅'을 하고 있다. 포스코 소셜미디어에 '기업시민', '스마트팩토리', 'ESG경영' 등 회사의 강점과 신입사원들의 회사 적응기 등 다양한 채용 관련 콘텐츠를 게재하고 SNS를 이용한 구직자들과의 진정성 있는 소통으로 주목받았다. 포스코는 생산기술직 채용형 인턴 모집을 시작했다. 코로나19 확산으로 인해 대면 설명회나 상담이 어려운 상황에서 포스코는 온라인 채용설명회를 개최하고 채용 토크쇼 영상을 제작하는 등 지원자들과 적극적인 소통에 나섰다. 특히 인스타그램을 활용한 쌍방향 소통이 젊은 지원자들에게 호평을 받았다. 서류 접수 마감일을 앞두고 포스코 생산기술직 채용 담당자가 취업을 준비할 당시 막막했던 기억을 떠올리며 역지사지의 심정으로 구직자들의 마음을 헤아리는 마음을 담아 직접 작성한 '응원가'는 수백여 개의 '좋아요'를 받으며 뜨거운 반응을 얻었다. 포스코 생산기술직 채용 인스타그램 계정은 운영한 지 6개월 만에 4,300여 명의 팔로워를 모았다. 이에 힘입어 이번 생산기술직 채용에는 예년 대비 두 배가 넘는 지원자가 몰려 우수 인재 영입에 대한 기대감을 높였다. 채용 진행 사항과 가점 요소, 서류 작성 가이드 등 채용 관련 정보를 카드뉴스 형태로 만들어 한눈에 알아볼 수 있게 정리했다. 인스타그램 메신저를 통해 채용 담당자가 직접 1:1로 문의 사항에 실시간으로 답변하거나 'DM(Direct Message) 상담'도 선보였다. 채팅에 익숙하고 SNS을 활발히 이용하는 젊은 세대 지원자들의 특성에 맞는 '눈높이 소통'을 시도한 것이다. 입사지원서가 제대로 접수됐는지 등 소소한 문의부터, 직무 선정에 대한 고민 상담까지 실시간으로 상담했다.

소셜 리크루팅은 '고용주 브랜딩(Employer Branding)'을 강화하는 맥락과 같다. 고용주 브랜딩은 기업의 내부 직원뿐만 아니라 외부에 있는 잠재 직원까지 기업이 채용하려는 인재들에게 전하고자 하는 기업 가치의 총체적 이미지를 뜻한다. 원래 고용주 브랜딩은 브랜드 전문가 앰블러(Ambler)와 바로(Barrow)가 1996년 학술지《브랜드 매니지먼트》에서 처음 언급했다. 고용주 브랜딩 활동이 가장 활발하게 이루어지는 공간이 소셜미디어이다.

링크드인이 실시한 최근 조사에 따르면 구직자의 75%가 실제 회사 평판이나 고용 브랜드를 확인하고 지원한다고 밝혔다. 69%는 나쁜 평판이 있는 기업의 채용 제안은 받지 않겠다고 응답했다. 나아가 기업의 83%는 고용 브랜드가 인재를 영입하는 데 매우 중요한 역할을 한다고 밝혔다. 최근 채용 플랫폼 시장은 이 같은 구직자와 기업의 니즈와 함께 언택트 시장의 급성장이 더해져 빠르게 변화하는 추세다.

소셜 리크루팅에서 유의해야 할 사항 5가지

현재 소셜 리크루팅은 해외에서 좋은 반응을 얻으며 계속해서 확장, 발전하고 있다. 앞으로 한국의 많은 기업들이 이를 활용하여 인재 확보 전쟁에 뛰어들 것으로 보인다. 하지만 이러한 소셜 리크루팅 역시 한계점을 가지고 있다. 먼저 소셜 네트워킹의 특성상 많은 인원에게 대규모로 노출되기 때문에 지원 규모가 커지면 채용 과정에서 경쟁률이 높아지고 오히려 더 많은 시간과 비용이 소요될 수 있다. 그렇기 때문에 회사가 요구하는 입사 조건과 원하는 인재상을 채용 정보에 상세히 밝혀야 한다. 또한 돈과 시간을 절약하기 위해서는 조건에 맞는 인재상에 적합한 이들이 모여 있는 곳을 미리 선택해 그들을 직접적으로 타깃팅할 수도 있다.

1. 소셜 리크루팅은 공감을 하되 신중하게 소통해야 한다

소셜 리크루팅의 진정한 가치는 기업이 전 세계의 다양한 인재들과 직접적으로 소통하고 관계를 맺을 수 있다는 점이다. 이를 통해 각 회사에 적합한 인재를 찾을 뿐 아니라 그들과 깊이 있는 관계를 형성해야 채용 후에도 빠르게 적응해 높은 성과를 낼 수 있다.

유튜브 라이브, 페이스북 라이브 등 라이브 스트리밍을 통해 실시간으로 소통하는 만큼 자그마한 실수도 걷잡을 수 없이 큰 위험으로 번질 수 있음을 유의해야 한다.

2. 소셜 리크루팅이 원하는 인재상을 명확히 밝혀라

소셜 리크루팅이 가진 특성을 십분 활용하기 위해서는 원하는 인재상을 명확히 밝히고 이에 맞는 인재가 지원할 수 있도록 배려해야 한다. 소셜 리크루팅을 할 때 소셜미디어 특성에 적합한 동영상 콘텐츠를 통해서 채용 프로세스와 원하는 인재상을 명확히 밝히는 추세이다.

3. 소셜 리크루팅 콘텐츠 제작 과정에서 어떻게 실제로 검증할지 유의하라

기업의 소셜 리크루팅 콘텐츠는 단순 채용 공고로 생각해서는 안 된다. 소셜 리크루팅 콘텐츠는 기업 구성원들이 웃고 떠드는 가십 거리만 있어서는 안 된다. 지나치게 딱딱할 필요는 없지만 '생생한 정보'가 담겨 있어야 한다. 즉흥적인 생산과 대응이 아니라 지원자의 반응을 예측하고 기획해야 한다. 콘텐츠 기획 제작 프로세스를 철저히 지키면서 콘텐츠 검수 시스템하에 운영되어야 효과적이고 안전하다. 저작권 문제, 채용 비리, 성차별 등 다양한 문제가 있을 수 있으니 더욱더 주의가 필요하다.

4. 잠재적인 인재와 어떻게 상생할 수 있는지 고민하라

SNS에서는 강한 연결보다 상대적으로 느슨한 연결을 통해 오히려 비즈니스가 성사된다. 개인 계정과 회사 계정은 다르게 운영되어야 한다. 잠재적인 인재와 어떻게 서로 소통하느냐에 따라 소셜미디어 세계에서 영향력이 달라진다.

5. 조직 문화와 직무 수행에 대한 정보를 제공하라

소셜 리크루팅을 잘하는 회사의 소셜미디어에 가보면 이 회사를 지원하고 싶다는 마음이 들 때가 있다. 팀 리더십 같은 추상적인 문화가 아니라 실제로 조직에서 어떻게 직무를 수행하는지 자세히 알려줄수록 그 회사에 지원할 가능성은 높아지기 마련이다.

앞으로 소셜 리크루팅 트렌드는 메가트렌드로 더욱더 강화될 것이다. 유튜브 댓글에 별로 신경 쓰지 않고 늦게 대응했다가 불매운동이 일파만파 번진 사례도 많다. 소셜미디어의 위기관리 시스템이 제대로 갖추어져 있지 않은 기업은 소셜 리크루팅을 하기 어렵다. 결국 오프라인과 소셜미디어 간의 메시지 통합, 현황 정보 통합, 위기 대응 통합 등 소셜미디어에서는 모든 채널을 하나의 관점에서 유기적으로 통합해서 위기관리를 해야 한다.

참고문헌

· 김윤미, 〈우리나라 소셜미디어 이용률 89%…UAE에 이어 2위〉, MBC뉴스, 2021. 06. 16.
· 권경원, 〈평생직장? 이제는 '잡호핑' 시대…네트워크 채용시장이 뜬다〉, 서울경제, 2019. 08. 30.
· 박영희, 〈소셜 리크루팅, 채용 소프트웨어 통합 및 AI, 지원자 경험〉, 《월간 인사관리 2019》.
· 박재철, 〈포스코, 취준생과 SNS 쌍방향 소통 호평〉, 철강금속신문, 2020. 10. 21.
· 안갑성, 〈최고의 인재 잡으려면 '고용주 브랜딩'은 필수일까〉, 매일경제, 2019. 06. 18.
· 윤신원, 〈6억 명이 '이력서'를 쓰게 만든 '링크드인'의 비결은〉, 아시아경제, 2020. 01. 31.
· 김정민, 〈집에 앉아 화상면접, 원서 내고 2주 만에 초고속 채용〉, 중앙일보, 2020. 08. 08.
· 배소진 · 김지현, 〈링크드인이 독보적인 비즈니스 플랫폼이 된 비결〉, 머니투데이, 2019. 11. 01.
· 한준기, 〈경력 채용 위주로 노동시장 급속 전환 "뽑을 땐 깐깐하게, 뽑고 나면 유연하게"〉, DBR, 2019. 8

리버스 인터뷰

•

역면접을 통해 회사를 걸러낸다

'No'를 거꾸로 쓰면 전진을 의미하는 'On'이 된다. 모든 문제에는 반드시 문제를 푸는 열쇠가 있다. 끊임없이 생각하고, 찾아내라.
- 노먼 빈센트 필

지원자가 면접관을 보는 시대,
리버스 인터뷰가 뜬다!

면접관의 갑질과 각종 채용 비리로 기업 이미지가 큰 타격을 입고 있는 상황에서 '역면접', '리버스 인터뷰(Reverse Interview)'가 인기다. 면접자도 잠재고객이라는 발상에서 시작한 리버스 인터뷰는 면접관과 지원자의 역할을 바꾼 역지사지의 관점이다. 최근 채용 트렌드가 역면접으로 변화되는 이유는 우수한 지원자일수록 자신의 전문성을 살리고 성장할 수 있는 회사인지 판단하기 때문이다. 면접관 교육, 채용 전략 등을 통해서 리버스 인터뷰 채용가 점차 널리 확대될 전망이다.

구글을 비롯한 글로벌 기업들은 지원자 경험을 중요시한다. 지원자 경험은 말 그대로 채용 과정에서 지원자가 느끼는 경험을 의미한다. 긍정적으로 경험한 지원자가 미래에 그 기업을 다시 지원할 수도 있으며, 다른 사람들을 추천할 가능성도 높다. 최근 채용시장은 철저하게 지원자 중심으로 개편되고 있다. 기업이 인재를 선택한다기보다 인재가 마음에 드는 기업을 선택하는 상황인 것이다. 세계적인 기업들은 지원자 경험을 개선하고자 면접관 사전 교육을

	리버스 멘토링 (Reverse Mentoring)	리버스 인터뷰 (Reverse Interview)
장점	MZ세대 직원이 멘토가 되어 멘티인 상사나 경영진을 코칭하고 조언함으로써 소비자와의 공감과 이해가 되는 장점이 있음.	면접관의 갑질, 채용 비리로 기업의 이미지가 큰 타격을 입고 있는 상황에서 역발상으로 '역면접' 트렌드가 뜨고 있음.
단점	지나치게 상사의 눈치를 보면 리버스 멘토링이 잘 되지 않고 보여주기 식 이벤트로 그칠 수 있음.	지나치게 지원자의 눈치를 보다 보면 제대로 된 평가를 하기 어려울 수도 있음.
유의점	젊은 소비자들이 원하는 제품을 만드는 감각을 갖출 수 있다는 취지로 진행되는데 좀더 체계적인 방법이 필요함.	지원자를 너무 배려하다 보면 정작 채용에서 적합성을 체크하지 못할 가능성도 있으니 유의해야 함.

진행하고 있으며, HR을 넘어서 전사적으로 긍정적인 경험을 만드는 활동에 투자하고 있다.

젊은 후배에게 배우는 리버스 멘토링의 시대

리버스 인터뷰는 사실 리버스 멘토링의 영향을 받았다. '리버스 멘토링'이란 자신보다 아랫사람이 멘토가 되어 멘티인 윗사람을 코칭하고 조언하는 것을 의미한다. 《채용 트렌드 2020》의 '밀레니얼 세대의 채용 전략'에서 언급했던 '리버스 멘토링'이 더욱더 확장되어 새로운 지식이나 기술, 아이디어를 획득할 수 있는 학습의 장이 되고 있다. 리버스 멘토링은 1:1로 진행되는 것이 일반적이지만, 1:N, N:N 등의 그룹 멘토링 형태로도 가능하다. 멘토는 내부의 젊은 직원에서 외부 젊은 컨설턴트 등을 활용하기도 하는 등 형식에 얽매이지 않고 다양한 방식으로 진화하고 있다. 최근 '리버스 리더십(Reverse Leadership)'으로까지 발전하면서 'MZ세대와 어떻게 일할 것인가?'라는 화두가 제기되고 있다. 그런 의미에서 틀을 깨는 리버스 트렌드는 메가트렌드로 확장될 전망이다.

리버스 인터뷰 - 세계 동향

채용 과정에서 느꼈던 불만이 결국 경영에도 영향을 미친다

버진미디어의 사례는 채용 과정에서 부정적 경험이 얼마나 큰 금전적인 손해를 끼치는지를 보여준다. 버진미디어는 전화, TV, 인터넷 서비스를 제공하는 영국의 통신 기업이다. 루이즈라는 지원자가 면접관이 중간에 전화를 받으러 나갔다 돌아와 서둘러 인터뷰를 종료한 후 입사에 실패한 과정에서 느꼈던 불만을 설문조사에서 밝혔다. 이후 루이즈는 평소 만족했던 버진미디어 서비스를 해지했고, 동생도 경쟁업체로 바꾸도록 했다. 이러한 상황을 파악하게 된 버진미디어는 얼마나 많은 '루이즈'가 있을지에 대해 조사했는데 채용 탈락자의 18%가 버진미디어의 고객이었고, 이 가운데 6%는 실제 한 달 내에 서비스를 해지한 것으로 나타났다. 매년 12만 3,000명의 채용 탈락자가 생기고 이 가운데 6%가 가입을 취소하는 것을 금전적으로 환산했더니, 손실 추정액이 540만 달러(약 64

억 원)였다. 이후 버진미디어는 인터뷰 프로그램을 새롭게 정비했고, 면접 참가자를 대상으로 교육을 진행했으며, HR을 넘어서 전사적으로 긍정적 지원자 경험을 만드는 활동과 투자를 강화해 나갔다.

구글의 지원자 경험이란 지원서가 접수됐다는 이메일을 받는 것부터 시작해서 합격 통보 전화를 받는 것에 이르기까지 회사와 지원자 사이의 모든 상호작용을 포함한다. 지원자 경험은 면접과 채용 프로세스에 대한 지원자의 전체적인 만족도를 결정하는 가장 큰 동인 중 하나로서 합격자가 입사 제안을 받아들일지를 좌우한다. 구글은 채용 프로세스의 소요 기간이 지원자 경험의 주요 동인이라는 점도 알아냈다. 구글의 채용팀은 면접 프로세스가 지원자에게 즐거운 경험이 되고 모든 지원자들의 경험을 긍정적인 방향으로 개선하기 위해 지속적으로 노력한다.

'리버스 인터뷰'는 크게 2가지로 나뉜다. 첫째는 면접관과 지원자의 입장을 바꿔서 경험해보는 것이다. 실제 역할을 바꿔보면 역지사지가 되어서 면접관은 면접 시뮬레이션을 경험하고, 지원자는 실제 면접 합격률을 높일 수 있다.

둘째는 역할을 바꾸지 않고 지원자가 면접관을 인터뷰하는 방식이다. 지원자가 회사를 선택하는 시대가 온 것이다. 면접에 임했지만 불합격된 사람의 80%가 친구들에게 구글 입사를 권한다고 한다. 이제 채용도 입소문이 중요하다. 물론 긍정적인 '지원자 경험'을 얻었기 때문에 가능한 일이다. '좋은 사람'을 뽑는 것도 중요하지만, 직무와 조직에 '적합한 인재'를 뽑아야 한다. 채용 프로세스를 경험한 지원자들이 '인재를 제공하는' 동력이 되도록 만드는 것이 중요하다. 최적화된 '지원자 경험'이 채용 비용을 줄이고 기업과의 관계를 튼튼하게 만드는 인프라다.

일본의 경우 지원자가 면접관에게 질문하는 '역면접' 제도를 시행하는 회사도 있다. '유메미'라는 스마트폰 앱 개발회사의 채용은 오직 페이스북으로 진행되며, 입사 지원자에게는 회사 소개서를 미리 이메일로 보내준다. 이 소개서를 바탕으로 입사 지원자가 회사 임원의 면접을 보는 것이다. 질문은 '관심의 표현'이다. 지원자의 질문을 통해 회사에 어떤 관심을 가지고 있는지 살필 수 있다. 서류전형 합격자를 대상으로는 '어느 지원자와 면접하고 싶은가'를 선택하는 일명 '배틀게임식' 방식도 있다. 학력이나 경력이 뛰어난 사람을 채용한다고 할지라도, 그 기업문화에 적응하지 못하면 일찍 퇴사하고 만다. 경기회복과 더불어 자사에 딱 맞는 인재 확보를 위한 일본 중소기업들의 움직임이 활발해지고 있다. 면접관은 면접자의 질문을 통해 적극성과 성격을 파악한다. 역면접에서는 모호하지 않고 구체적으로, 진짜 궁금한 내용을 우선적으로 질문하며, 대답을 듣고 "매번 감사합니다"라고 말하지 않고 꼭 필요한 말만 한다.

사실 리버스 멘토링의 원조는 제너럴 일렉트릭(GE)의 잭 웰치이다. 1999년 출장 중 한 직원으로부터 인터넷의 중요성에 대한 설명을 듣고 충격을 받아, 출장 이후 500명의 임원들에게 '후배에게 직접 인터넷 사용법을 배우라'고 지시했다. 인터넷 사용법을 배우며 멘토로 삼고, 잭 웰치 본인 역시 20대 직원의 멘티가 되었다. 잭 웰치는 멘토링과 역멘토링으로 직원 한 명의 파워를 끌어올리는 기업가로 남게 되었다. 이후 리버스 멘토링이 효과를 인정받아 다시 조명받게 된 계기는 구찌의 사례에서 찾아볼 수 있다.

명품 브랜드 구찌는 2012년부터 3년간 매출이 정체되고 영업이익이 급감하는 등 창사 이래 최대 위기를 겪고 있었다. 명품 시장의 주 고객이 중장년층에서 젊은 층으로 옮겨가는 현실을 외면하고, 유럽 귀족 스타일의 브랜드 이미지와 제품 특성을 고수했기 때문이다. 2015년 새로운 CEO로 취임한 마르코 비자리는 구찌의 부진 원인이 '구찌는 비싸고 촌스러운 브랜드'로 여기는 '20~30대 젊은 고객의 변심'과 '조직 내 매너리즘' 때문이라고 진단하고 과감한 개혁을 단행했다. 수석 디자이너 자리에 무명 직원 알렉산드로 미켈레를 발탁하고 온라인을 포함한 유통 채널 다변화 등 혁신적 조치를 잇따라 도입했다. 그리고 젊은 고객의 니즈 파악을 위해 20~30대 직원들의 의견을 경청하는 '리버스 멘토링'을 도입했다. 이런 노력 끝에 구찌는 3년 만에 매출과 영업이익이 각각 2~3배 이상 증가하며 반등에 성공했다.

구찌는 리버스 멘토링을 위해 2가지 비밀병기를 이용했다.

첫째, 35세 이하의 직원들과 정기적으로 점심 모임을 가졌다. 이때 회사 문화와 복지에 관한 아이디어를 3가지씩 토론하며, 이러한 아이디어들이 회사의 정책을 바꾸는 중요한 요소로 자리매김했다.

둘째, 임원 회의를 마친 후 30세 이하 직원들과의 모임인 '그림자위원회(Shadow Committee)'에서 임원 회의에 상정된 주제를 다시 토론했다. 이 토론을 통해 새로운 통찰을 얻고 기업의 변화를 위해 적극 활용했다. 구찌는 그림자위원회에서 나온 아이디어로 환경과 사회적 가치를 중시하는 MZ세대의 특성을 반영해 제품에 모피 사용을 금지하는 조치를 내리기도 했다. 이에 따라 구찌는 2017년 2분기에 세계에서 가장 많이 팔린 럭셔리 브랜드 1위에 오르며 전년 대비 매출이 40% 급증했다.

글로벌 화장품 브랜드 에스티로더는 20대 임원들을 1:1로 멘토링하여 최근 잘나가는 채팅 앱과 쇼핑 앱의 트렌드를 알려준다. 실리콘밸리의 유명 기업가인 업프론트 벤처스의 파트너 카라 노트만은 20세 직원을 멘토로 삼아 SNS 메시지를 센스 있게 보내는 법과 은어 등을 배운다.

그동안 멘토링은 경험이 많은 선배가 나이 어린 후배에게 조언하는 것을 의미했다. 그러나 최근 많은 기업들은 조직 내 비중이 높아지는 MZ세대의 역량을 활용하고, 더욱 활력 있는 조직문화를 조성하기 위해 리버스 멘토링을 도입하고 있다. 리버스 멘토링이란 전통적인 방식과는 반대로 젊은 직원이 멘토가 되어 멘티인 선배 경영진을 코칭하고 가이드하는 것을 의미한다. 이러한 리버스 멘토링은 단순히 멘토링으로 끝나지 않고 조직 내 의사소통 방식, 사업 운영 방식까지 변화시키는 촉진제 역할을 한다.

리버스 인터뷰 - 국내 동향

지원자의 눈높이에 맞지 않는 면접관 리스크를 개선하라!

모 제약업체는 채용 면접에서 여성 면접자들에게 "군대에 가지 않으니 남자보다 월급을 적게 받는 것에 대해 어떻게 생각하는가" 등의 성차별적 질문을 던졌고, 이런 '면접 후기'가 온라인상에 퍼지면서 '불매운동'까지 이어지는 등 사회적 논란이 됐다. 이에 해당 업체 대표는 유사한 일이 재발하지 않도록 면접관에 대한 내부 교육을 강화하고, 제도와 절차를 전반적으로 재검토하겠다고 약속했다. 이와 같이 지원자의 눈높이에 맞지 않는 면접관 리스크를 개선하기 위한 방안이 강구되고 있다.

대부분의 대기업은 실제 채용 면접과 별개로 취업준비생을 모아 별도로 '리버스 인터뷰' 시뮬레이션을 진행하고, 이들한테 실무 면접관의 태도나 질문 등에 대한 피드백을 받고 있다. 특히 롯데는 각 계열사 내 우수 인재를 면접위원으로 발탁하는 '면접위원 인증 과정'을 도입해 운영하고 있다. 2010년부터 시행된 이 과정은 채용 면접을 담당하는 면접위원을 체계적으로 육성하기 위한 제도다. 현재 그룹 내 2,400여 명이 면접위원 자격을 유지하고 있으며 매년

상·하반기 두 차례 인증 과정을 거치고 있다. 면접위원 자격은 입사 6년 차 이상인 간부급 직원에게만 주어진다. 이들은 먼저 부면접위원 인증 과정에 합격한 후 면접 경험이 3회 이상 되면 주면접위원이 될 수 있는 자격을 얻는다. 주면접위원은 3일간 3가지 인증 과정을 거친다. 첫째 날은 '면접 이론', 둘째 날은 '면접 실습'을 진행한 뒤, 마지막 날 '실습 평가' 시험을 치러야 한다. 실습 평가 결과에 따라 하위 20%는 탈락한다. 기업의 입장에서 면접 실무진 관리는 철저하게 교육과 투자의 문제이다. 인사 담당자가 채용 전후로 취업준비생들의 온라인 카페도 모니터링하며 지속해서 관련 교육을 개선한다. 면접관 교육에 힘을 쏟는 이유는 면접을 보는 모든 지원자들이 차후에 고객이 되기 때문이다. 면접 과정에서 불쾌한 경험이 발생하면 '평생 고객'을 잃을 수 있다는 것이다.

2018년 방영된 SBS 스페셜 〈취준진담〉 역지사지 면접 프로젝트에서는 배우 조우진과 함께 '노오력 인력사무소'를 열었는데, 상대의 입장이 되어보면 서로를 더 잘 알 수 있지 않을까?'라는 관점에서 세상 어디에도 없는 특별한 역지사지 면접을 1박 2일 동안 진행했다.

제일기획이 제작한 삼성생명의 컨설턴트 리크루팅 광고 '거꾸로 면접' 편이 주목 받기도 했다. 보험 컨설턴트 지원자들이 면접관이 되어 삼성생명의 현직 지점장에게 회사에 대해 질문하는 역면접 콘셉트으로서 5명의 면접관이 앉아 있는 면접장에 지원자로 보이는 한 인물이 들어오며 시작한다. 그리고 이내 곧 반전이 펼쳐진다. 면접을 보는 대상은 삼성생명 지점장이고, 면접관은 취업준비생, 주

국내 리버스 인터뷰 트렌드 현황

기업명	시기	내용
롯데그룹	2019년 3월	리버스 인터뷰 시뮬레이션 진행 (채용 면접과 별개로 취업준비생 투입)
SBS	2018년 6월	SBS 스페셜 취준진담 역지사지 면접 프로젝트 (배우 조우진 출연)
삼성생명	2020년 7월	리크루팅 '거꾸로 면접' 광고 진행
LG 소셜캠퍼스	2020년 1월	'리버스 인터뷰' 스타트업 부하직원이 직접 CEO를 면접해보는 상황

부, 이직준비생이다. 이른바 '거꾸로 면접'이다. 지원자들이 자신들의 부족한 역량이나 경험을 약점으로 생각하지 않고, 오히려 "입사하면 회사가 무엇을 해줄 수 있냐"고 당당하게 질문을 던지는 첫 장면부터 눈길을 끈다. 이 같은 질문을 받은 삼성생명 지점장과 본부장은 "우리 회사는 인맥이 아니라 시스템으로 일합니다"라며, 체계적인 프로그램과 시스템에 기반한 영업지원, 업계 유일의 코칭 시스템, 종합 금융교육 프로그램 등을 소개하며 지원자들이 부담 없이 도전하도록 유도한다. 이처럼 개인의 높은 능력과 스펙을 강요하기보다는 회사가 직원의 성장을 전폭적으로 지원한다는 메시지를 담은 광고가 구직자들에게 높은 공감과 좋은 반응을 얻었다. 해당 광고는 유튜브 조회 수 140만 회를 돌파했다. 제일기획 임태진 CD는 "기존 면접의 틀과 보험업 컨설턴트에 대한 편견을 깬 새로운 접근이 소비자로 하여금 신선함을 느끼게 했고, 그 감정이 고스란히 삼성생명 컨설턴트에 전해지면서 지원해 보고 싶은 마음까지

들도록 만들었다"고 했다.

LG소셜캠퍼스는 '리버스 인터뷰'를 유튜브로 진행하고 있다. 스타트업 댄스플래너의 부하직원이 직접 CEO를 면접하는 상황이다. 역할을 바꿔보는 것만으로 새로운 성찰을 하게 된다. 인사 담당자는 리버스 인터뷰 채용 트렌드를 잘 파악해야 한다. 자칫 면접관의 자질과 태도가 공론화되면 불매운동까지 벌어지기 때문이다. 면접관의 어떤 질문이 유효하고, 어떤 질문이 문제가 있는지 등을 미리 알아두면 도움이 될 것이다.

삼성전자는 MZ세대와 경영진의 직접 소통 창구인 '밀레니얼 커미티(committee)'를 운영한다. 무선사업부는 2018년부터 소비자와 MZ세대의 눈높이에서 사업부 현안을 논의하기 위해 다양한 직군·세대의 임직원 100명을 모집해 사업부장 등 주요 경영진과 소통하는 채널을 운영한다. 영상디스플레이 사업부와 메모리 사업부도 20~30대의 생각과 경험을 사업부장에게 직접 전달하는 자리를 마련하고 있다.

LG유플러스는 2019년 하반기부터 '리버스 멘토링'을 통해 신입사원들과 새로운 사업 관련 아이디어를 주고받으며 의견을 교환하고 유튜브에 그 과정을 올리기도 했다. 현대오일뱅크는 2020년 10월 1~2년 차 신입사원과 대리급 직원이 멘토가 되어서 임원으로 구성된 멘티를 월 2회씩 4개월간 '리버스 멘토링'을 실시했다. 평균 나이 27세의 젊은 멘토들은 '인스타그램 등 최신 소셜네트워크서비스 체험', '신세대 유행어 학습', '방송과 문화 트렌드 이해' 등 최신 트렌드를 반영한 커리큘럼으로 코칭을 한다. 프로그램에 대한 반응이 좋아서 현장 관리자와 생산 전문직 신입사원 등을 연결하는 리버스 멘토링 등 직군과 인원을 확대해 다양한 교류 프로그램으로 확대 발전시킬 예정이다.

LIG넥스원은 2020년 4월부터 리버스 멘토링을 시행하고 있다. 대표이사를 포함한 주요 임원 5명이 각 1명씩 조를 구성해 MZ세대 직원 멘토 2~3인이 최소 월 1회 이상 멘토링을 진행한다. 구체적인 방법은 조별 토의를 거쳐 자유롭게 결정한다. 김지찬 대표는 "3명의 젊은 연구원을 멘토로 모시고 새로운 체험(VR, SNS 제작)을 하며 많은 이야기를 나누고 있다. 우리가 만드는 제품을 현장에서 직접 다루는 부류가 대부분 MZ세대인 만큼, 리버스 멘토링이 MZ세대를 깊이 이해하고 함께 발전할 수 있는 계기가 될 것으로 기대한다"고 말했다.

기업의 이미지는 후보자와 첫 대면하는 인사 담당자의 태도에서 나온다. 권위적이고 꼰대 같은 질문을 하는 면접관 때문에 입사를 거부하는 지원자도 있다. 우수한 인재들은 면접관을 통해 회사를 파악하고 분석하며 평가한다는 전제하에 면접관들을 사전 교육해야 한다. '가장 좋은 복지는 좋은 동료'라는 말이 있다. 웬만한 경력자들은 함께 일하는 동료를 보고 선택한다. 여러 지원자들을 만나보면 인사 담당자나 면접관의 태도 때문에 그 기업의 이미지가 나빠진 경우도 꽤 많았다.

JOB TREND
04

리버스 인터뷰에서 유의해야 할 5가지

기업이 존재하려면 핵심 인재가 더욱더 필요하다. 핵심 사업을 이끌어가는 인재는 우리 회사만 지원하는 것이 아니다. 기업이 인재를 면접하는 것이 아니라 우수한 인재가 기업을 면접하는 이른바 '역면접 시대'가 도래했다.

1. 지원자와 면접관의 입장 차이를 이해해라

지원자와 면접관의 세대 차이가 나기 때문에 오해의 소지가 많다. 채용절차법이나 블라인드 채용으로 공공성 이슈가 크게 부각되고 있으므로 리버스 인터뷰에서는 최대한 공정성을 느끼게 해야한다.

2. 어느 한 사람에 의해 채용이 좌지우지되지 않도록 제도화하라

구글에는 채용 결정을 하는 채용위원회(Hiring Committee)가 있다. 면접관 한 명이 불합격, 합격 의견을 낼 수 있지만, 그것만으로 채용되지 않는다. 채용위원회가 최종 판단을 해야 한다. 현업에 있는 면접관은 직무에 유능한 사람을 뽑으려고 한다면, 채용위원회는 회사에 적합한 지원자를 선발하려고 한다. 한 명의 직원을 채용하기 위해 다양한 사람으로 구성된 인터뷰 팀을 구성하는 것이다.

3. 면접관의 평가 오류를 고민하라

면접관은 지원자를 평가할 때 다양한 오류에 빠질 수 있음을 깨달아야 한다. '보고 싶은 것'만 보는 확증편향에 빠지기 쉽다. 기업의 핵심 가치를 명확히 하고 지원자가 이에 부합하는 사람인지를 평가해야 한다. 심도 있는 평가 검증을 위해서는 아마존의 바 레이저(Bar Raiser)와 같은 전문 면접관을 두는 것이 효과적이다. 100회 이상 인터뷰에 참여한 직원의 인터뷰를 한 차례 더 실시하는데, 신입 직원의 수준을 평균 이상으로 유지하기 위한 방법이다.

4. 면접관은 자유로운 질문보다 구조화된 질문을 하라

면접관에게 자유롭게 질문을 하라고 하면 면접과 관련 없는 질문이 많아질 가능성이 높다. 면접관은 구조화된 질문을 통해 직무와 기업문화에 적합한 인재를 찾기 위해서 더욱더 노력해야 한다.

· 당시 상황을 좀 더 자세히 설명해주시겠습니까?
─당신의 구체적인 역할은 무엇이었습니까?
· 그때 협조를 얻기 위해서 어떻게 설득했습니까?
· 구체적으로 어떤 결과를 냈습니까?

대표적인 구조화된 질문이 바로 STAR(Situation, Task, Action, Result)

기법이다. STAR 기법 질문은 예 또는 아니오 식의 답변에서 벗어나 실제적인 경험과 성과를 바탕으로 답변할 것을 요구한다. 면접의 수준은 면접관이 던지는 질문의 수준과 같다.

5. 면접관의 촉에 의지하지 말고, 면접평가표를 활용하라!

면접관의 경험이 출중할수록 자신의 경험 패러독스에 빠질 수 있다. 면접평가표를 활용하면 객관화하는 데 도움이 된다. 직무에 따라 필요 역량이나 인재 특성이 다르다면, 직무별로 선발 기준을 차별화해야 한다. 전문 면접관 제도가 효과를 발휘하기 위해서는 먼저 평가 기준과 면접 질문 등을 마련해야 한다.

리버스 인터뷰를 잘못 시행했다가는 오히려 역효과가 날 수 있다. 리버스 인터뷰가 하나의 이벤트로 그치고, 채용에 별다른 효과가 없다면 면접관과 지원자 모두 피로감만 가중될 것이다. 따라서 충분한 훈련과 피드백을 통해 전문 면접관을 육성해야 한다.

참고문헌

· 강은영, 〈제대로 된 입사면접 위해…롯데 "면접관도 시험으로 뽑아요"〉, 한국일보, 2019. 03. 21.
· 강윤화, 〈일본 '인재 모시기' 별난 채용시험 화제〉, 일요신문, 2015. 08. 24.
· 김태형, 〈'비정상회담' 일본, 면접자가 면접관에게 질문하는 면접이 있다?〉, 스타뉴스, 2017. 03. 07.
· 박수지, 〈면접관은 아무나 하나…기업들 "면접관도 면접 본다"〉, 한겨레, 2021. 04. 26.
· SBS 뉴미디어부, 〈'꼰대의 잔소리' 노력은 성공의 키?…취준생의 선택은〉, SBS 뉴스, 2018. 06. 11.
· 노승욱, 〈CEO가 사원에게 배운다 '리버스 멘토링'…SNS 고수 된 森 사장님 "MZ 멘토 덕이죠"〉, 매경이코노미, 2021. 07. 28.
· 조지민, 〈'구직자가 묻는다' 삼성생명 거꾸로 면접 광고 역발상 화제〉, 파이낸셜뉴스, 2020. 07. 08.
· 라즐로 복, 《구글의 아침은 자유가 시작된다》, RHK, 2015.
· 정태희, 《리버스 멘토링》, KMAC, 2021.
· The Reverse Interview: How To Choose Your Next Company : https://www.reforge.com/blog/reverse-interview
· 리버스 인터뷰, 스타트업 부하직원이 직접 CEO를 면접해보면 생기는 일 : https://www.youtube.com/watch?v=APNWiSemt6E

JOB TREND

워러밸 전성시대

·

일과 학습의 균형이 중요한 시대다

인생은 자전거를 타는 것과 같다. 균형을 잡으려면 움직여야 한다.
– 알버트 아인슈타인

일과 학습의 균형이 중요하다

코로나19 이후 기업이 학습 조직을 제대로 꾸리기가 힘들어졌다. 코로나19 이전에는 일과 삶의 균형을 중요시하는 워라밸이 유행했다. 하지만 코로나 팬데믹 상황에서 불가피하게 재택근무를 하게 되면서 일과 학습을 더 이상 분리할 수 없는 현실이 도래했다. 이제 원격근무, 화상면접 등 비대면 채용과 온보딩을 진행하는 조직문화에서는 '워러밸'이 중요해지고 있다.

'워러밸'이란 '일(Work)과 학습(Learning)의 균형'이라는 뜻의 합성어다. 피터 센게는 《학습하는 조직》에서 "학습의 주체는 조직이 아니라 개인이며, 조직은 학습하는 개인을 통해서만 학습할 수 있다"고 지적했다. 개인적 숙련도가 높은 사람들은 자신의 비전과 현재

워라밸	워러밸
① 일과 삶의 균형	① 일과 학습의 균형
② 현장 업무	② 원격 근무
③ 전통적 학습	③ 플립러닝
④ 가정학습 활동	④ 교실 활동
⑤ 물리적 교실	⑤ 가상교실

를 명확히 인식하고 창조적 긴장을 즐기면서 도전하는데 그런 사람들이 모였을 때 '학습하는 조직'도 가능하다. 일과 학습의 균형은 학교에서만 중요한 것이 아니라 조직에서도 마찬가지다. 학습이란 그저 학교나 학원에서의 공부가 아니라, '새롭고 개방적인 사고방식을 채택하고 진정으로 원하는 결과를 만들어내기 위한 방법을 부단히 추구한다'는 뜻이다. 학습은 조직에서 원하는 결과를 만들기 위해서 반드시 필요한 작업이다.

코로나 펜데믹으로 일과 교육의 균형이 무너졌다

코로나19는 일과 교육의 균형을 무너트리는 큰 변화를 가져왔다. 학교가 문을 닫고, 회사도 재택근무로 바뀌었다. 이러한 상황에서 무엇보다 중요해진 것이 바로 일과 학습의 균형이다. 워러밸이 중요한 이유는 바로 리모트워크 환경에서 전통적 교육의 효용성에 문제가 생겼기 때문이다.

온라인 교육에 따른 집중도 저하, 학습 피드백 감소, 언택트 기반 콘텐츠 개발에 따른 인프라 한계, 동영상 저작권 문제, 강사의 학습자 제어 한계, 학습 요구 미반영, 화상교육 진행 미숙, 실험, 실습, 토론 등 경험 수업 부족, 화상 플랫폼의 불안정성, 속도 지연, 소리 잡음 대처 미흡 등 학습에 대한 고민이 많아졌다.

교육학에서는 한 가지 사건이나 활동에 집중하는 시간을 '주의 집중 시간'이라고 한다. 물론 개인차가 크고 관심도나 상황에 따라 달라질 수 있지만, 평균적으로 중학교 45분, 고등학교 50분 등 학교별 수업 기준 시간이 있다. 오프라인 수업의 경우 보통 50분 강의하고 10분간 휴식이지만 온라인은 45분 강의하고 15분 쉬는 경우도 많다. 온라인 강의는 퀴즈 등 다양한 활동을 하지만, 과제가 대면 강의보다 많아져서 학생들로부터 '힘들다'는 피드백을 많이 받는다. 무엇보다도 학습은 '일터'와 '현장' 중심으로 조직의 스킬 요구 변화와 맞물려 '워러밸' 차원에서 이루어져야 한다. 대면 학습과 비대면 학습의 균형도 차츰 중요해지고 있다.

전통적 교육 방식도 플립러닝(Flipped Learning)으로 대체되고 있다. 플립러닝이란 온라인 영상 및 자료를 사전에 학습하고, 실제 수업에서는 토론, 과제 풀이 중심으로 진행하는 수업 형태이다. 플립러닝은 존 버그먼과 에런 샘이 개발한 것으로 기존의 학교 수업과는 거꾸로 진행된다.

'블렌디드 러닝(Blended Learning)'은 온라인과 오프라인 학습 활동을 결합한 방식으로, 온라인과 오프라인 학습의 단점을 서로 보완하는 교육 방식이다. 코로나19 상황에서 원격수업은 감염에 대한 안전성을 확보할 수 있으며, 시공간의 제약이 없는 편이다. 하지만 인성 및 사회성 교육, 대인관계 형성, 학습 격차, 평가, 실습 등에는 어려움이 생기기도 한다. 따라서 온라인의 장점과 오프라인의 장점을 병행하는 블렌디드 러닝이 대두되고 있다.

'하이브리드 러닝(Hybrid Learning)'은 원격의 학습자와 교실 공간의 학습자가 디지털 기술을 통해 소통하거나 면대면 수업의 일부를 온라인 원격교육으로 대체하는 방식이다. 교실이나 강의실, 그리고 온라인상에도 동시에 학습자들이 있어서 서로 쌍방향 소통을 할 수 있도록 구성한다. '블렌디드 러닝'은 온라인상에서만 모든 학습자들이 소통하는 것이지만, '하이브리드 러닝'은 온라인상에 있는 학습자들이 오프라인 학습자들과도 소통이 가능하다.

하이브리드 러닝은 실시간으로 피드백이 가능하고 녹화된 학습 영상을 복습 교재로 활용할 수도 있다. 하이브리드 자동차가 필요에 따라 엔진과 모터 동력을 교체해 가며 최적의 연비를 내듯이 필요에 따라 온라인과 오프라인 교육을 병행하여 최적의 학습 효과를 이끌어낸다. 교육학자들은 일방적인 지식 전달 형태의 수업 방식보다는 끊임없는 상호작용이 가능한 수업 방식이 학습 효과가 크다고 한다. 하이브리드 러닝은 기존 블렌디드 러닝에서 실시간 상호작용이 불가한 단점을 보완한 수업 방식이다. 하이브리드 러닝은 분반과 시수 증가 없이 정해진 시간표대로 수업을 진행할 수 있어서 공간적, 재정적 부담을 주지 않는다는 장점이 있다.

현실 근무, 전통적 교육, 홈워크 활동, 물리적 클래스룸 등에서는 면대면 학습이 되었다면, 원격근무, 플립러닝, 클래스룸 활동, 버추얼 클래스룸 등에서는 비대면 학습이 늘고 있다. 지난 10년간 전통적인 형태인 집합교육은 이러닝, 마이크로러닝, 플립러닝, VR러닝, AR러닝, 가상교실, 적용형 학습 등의 형태로 진화했다. 지금은 코로나19로 인한 재택근무가 일반화되면서 업무와 학습을 연계한 홈러닝으로 빠르게 대체되고 있다. 새로운 디지털 HRD 시스템으로 바뀌는 계기가 된 것이다. 따라서 일과 학습을 병행해야 하는 현재 상황에서 워러밸 트렌드가 2022년에는 더욱더 확산될 전망이다.

앞으로는 디지털 기술의 도입과 재택근무 등으로 업무가 효율화되면서 생기는 시간과 에너지를 학습에 쏟아야 한다. 환경 변화에

교육과정 분석

따른 일과 학습의 균형이 강조되면서 성과 중심의 평가가 필연적으로 이어질 것이다. 변화에 적응하는 개인의 노력뿐만 아니라 근무 환경이 달라짐에 따라 조직관리에도 새로운 리더십이 요구된다. 지난 10년이 '일과 삶의 균형'의 시대였다면, 이제는 '일과 학습의 균형' 시대이다.

'일·학습병행제(Workplace and Learning Dual System)'란 말 그대로 일과 학습을 병행하는 이원화 제도로 취업을 원하는 학생이 기업 현장이나 교육기관을 통해 체계적인 교육을 받음과 동시에 배운 것을 바로 현장에 적용하여 일할 수 있다. 이렇게 일과 학습을 병행한 학습 근로자는 교육을 마치고 국가로부터 역량을 평가받아 자격을 부여받는다.

학습자는 '현장 외 훈련(Off-JT, Off-the-Job Training)'으로 강의나 토의를 통해 200시간의 교육 훈련을 실시하는 동시에 기업 내에서 직무에 종사하며 지도 교육을 받는 '현장 훈련(OJT)' 800 시간을 수행한다.

'현장 외 훈련'이란 직장 외 교육이며 사내 및 사외 전문가를 초빙하여 직무 현장이 아닌 교실에서 강의식으로 교육하는 방법이다. OJT와는 달리 실습이 없는 집합교육이고, 일 처리의 원리와 일반 지식을 체계적으로 교육하는 데 적합하다. '현장 훈련(OJT, On-the-Job Training)'이란 직장 내 상사나 선배에게 받는 교육이며 업무와 관련해 개별적으로 배운다는 점에서 효과적이다. 1:1 밀착 교육, 실천 교육이 이루어지는데, 기업에서 하는 워크숍이나 집합교육 형태는 직무 수행에서 벗어난다.

'체계적 현장 훈련(S-OJT, Structured On-the-Job Training)'이란 숙련된 직원이 초보 직원에게 직무 관련 역량 개발을 위해 업무 현장 또는 그와 유사한 장소에서 교육 훈련을 하는 프로세스를 말한다. 미국 일리노이 대학교 로널드 제이콥스 교수는 《체계적 현장직무 교육 훈련(Structured On-the-Job Traning)》에서 "OJT가 미리 계획되거나 관리되지 않으면 교육 훈련의 성과가 떨어질 수 있다"고 하며 비체계적인 OJT와 대비되는 S-OJT(Structured-OJT)로 구분하기도 했다. S-OJT에 참여하는 직원은 현업에서 우수 사례 기반의 표준화된 업무를 맞춤식으로 훈련받기 때문에 역량 개발 및 조기 전력화를 통해 경영 성과에 기여할 수 있다.

일터에서는 업무 경험이 학습이 되는 S-OJT가 성과 창출로 이어진다. 체계적인 OJT는 비체계적인 OJT보다 4~6배 적은 시간을 사용하며 2~8배의 재정적 이익을 안겨준다. 체계적인 인프라를 갖

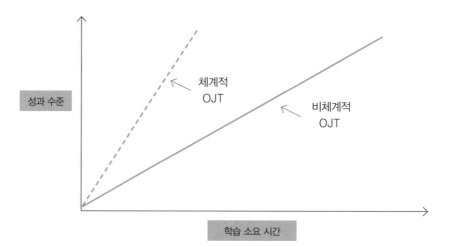

추어 일관성 있는 교육을 꾸준히 실시한다면 OJT 교육의 효과를
극대화할 수 있다. S-OJT 진행을 위해서는 직무 분석, OJT 계획,
OJT 모듈, OJT 평가 도구와 같은 인프라를 갖추어야 한다. 그 밖에
'현장 외 훈련'은 업무의 압박에서 벗어나 연수원 같은 장소에서 교
육에 집중할 수 있는 장점이 있다.

워러밸 전성시대 - 세계 동향

미네르바스쿨처럼 소그룹으로 학습하라!

코로나19로 인해 기업 교육도 대부분 원격으로 진행되고 있다. 국제노동기구, 유네스코(UNESCO) 그리고 세계은행그룹(WBG)이 126개국의 직업교육 훈련 제공자, 노동 및 교육부 담당자, 고용주 및 근로자 단체 총 1,349명을 대상으로 조사한 결과에 따르면, 64%가 원격으로 교육을 진행했다고 답했으며, 16%는 코로나19로 인해 교육을 취소했다고 답했다. 2025년 글로벌 에듀테크 시장의 규모가 4,000억 달러(약 445조 원) 이상으로 커질 것이라는 전망이 나왔다.

'에듀테크(Edu-Tech)'는 '교육(Education)'과 '기술(Technology)'의 합성어로 4차 산업혁명 시대의 교육 패러다임이다. 빅데이터, 인공지능, 로봇, 가상현실 등 정보통신기술을 활용한 차세대 교육을 의미한다. ICT에서는 온라인 강의로 이러닝이 사용되고 있으나, 코로나19로 인해 비대면 교육에 대한 수요가 급증함에 따라 에듀테크가 주목받고 있다.

2014년 개교한 미네르바스쿨은 캠퍼스도 강의실도 없는 정규대학이다. 온라인을 통해 미리 학생들끼리 수업자료를 공유하여 학습하고, 자체 온라인 강의 플랫폼을 통해 매일 저녁 교수와 학생이 실시간으로 토론 수업을 한다. 이 학교는 새로운 대학을 고민하던 벤처기업가 벤 넬슨(Ben Nelson)과 명문대 출신 교수들이 함께 만들었으며 각종 기업으로부터 기금을 받아서 운영하고 있다. 하지만 교육 강도가 기존 대학에 비해 오히려 과중하다는 평가도 있다. 미네르바스쿨은 인문학, 경영학, 계산과학, 자연과학, 사회과학 등의 전공을 선택할 수 있다.

1년 차에는 샌프란시스코에서 학문 토대를 위한 공부를 하면서 비판적, 창의적 사고와 소통, 협업 능력 개발을 위한 코너스톤(Cornerstone) 과정에 집중한다. 2년 차는 서울, 인도 하이데라바드에서 학습 방향성을 설정하는 데 중점을 두고 자신의 전공을 선택하며, 3년 차에는 베를린, 부에노스아이레스에서 전공 과목에 대해 더 깊이 배운다. 4년 차에는 런던, 타이페이 등에서 캡스톤 프로젝트를 진행하며 전체적으로 지금까지 배운 모든 것을 통합하는 데 집중한다.

미네르바스쿨의 학생들은 코로나19에 크게 영향을 받지 않고 평소와 다름없이 온라인 수업을 받고 있다. 다만 코로나19가 심했던 일부 국가에서의 글로벌 로테이션은 한 달 일찍 마치기도 했다. 나라별 방역 조치에 따라 학생들이 자기 나라로 돌아가야 했기 때문이다. 그래서 원격 포럼 형태의 새로운 시도를 하고 있다. 일례로 최근 대만 학생들이 차이잉원 총통과 오프라인 포럼을 열고, 다른 나라에 있는 학생들은 온라인으로 함께 참여해 토론했다. 앞으로 이 같은 온오프라인 포럼을 확대할 계획이라고 한다. 이것은 일반 수업의 녹화본을 재생하는 '인강(인터넷 강의)'과는 전혀 다르다. 미네르바스쿨의 수업은 20명 미만이 참여하는 소규모 생방송 세미나라고 보면 된다. 10여 명이 듣는 수업이 가장 많다. 토론, 시뮬레이션, 퀴즈, 설문조사, 공동 문서 작성, 팀 프레젠테이션 등의 학습 활동을 한다. 수업 중 수집된 데이터를 분석하여 개별 피드백을 제공하고 교수는 활발한 아이디어 교환과 상호작용을 촉진한다.

미국의 초등학교는 학교별로 45~55분 단위로 수업을 하거나 필요한 경우 90분 단위의 블록 수업을 한다. 일본 초등학교는 수업시간이 45분, 쉬는 시간은 5분이다. 핀란드 초등학교는 지역마다 다르며, 헬싱키는 45분 수업제를, 위바스퀼라는 75분 수업제를 운영하고 있다.

미네르바스쿨의 원격수업용 플랫폼에는 학습 효과를 높이고 학생의 수업 참여를 극대화할 수 있는 50여 가지 기능이 있다. 학생별로 수업 참여도가 정량적으로 기록돼 교수가 확인할 수 있다. 수업 중 그룹별 토론이 필요한 경우 랜덤으로 소규모 그룹을 만들어주고, 즉석에서 설문조사를 실시해 학생들의 의견을 수집하는 기능도 있다. 미네르바의 학생들은 수업 전에 관련 자료를 읽고 미리 지식을 습득해 온다. 그래서 수업 중에 교수가 지식을 설명할 필요가 없다. 전체 수업시간 중 교수의 발언 시간은 15%가 채 안 된다. 교수는 수업 중에 학생들의 의견을 촉진하고 조정하는 역할을 맡는다. 플랫폼의 다양한 학습 기능을 활용해 참여도가 낮은 학생에게 발언 기회를 주고 토론의 방향을 심도 있게 이끌어간다. 학생들에게 수업 전에 미리 관련 자료를 충분히 읽고 분석하게 하고, 수업 중에는 실생활과 관련된 데이터들을 분석하는 법, 이것을 시각화, 맥락화, 해석하는 법을 가르친다. 이를 통해 학생들은 과학의 본질을 깨달아간다. 첫 졸업생 106명 중 94%가 정규직으로 취업하거나 하버드 대학과 케임브리지 대학을 포함해 최고의 대학 석박사 과정에 진학했다. 이 밖에 16% 정도는 구글·트위터·우버·레이저 등의 기술 부문에 취업했다. 이러한 미네르바스쿨이 미래 대학의 모델로 평가받고 있다. 다만 대학에서 이뤄지는 교육에 대해 좀 더 냉철한 평가가 이뤄져야 한다. 일례로 "대학이 비판적 사고를 가르친다"고 주장했다면, 제대로 가르쳤는지에 대해 반박할 수 없는 증거를 제시하고 증명해야 한다. 대학이 교육 효과를 입증하지 못하면, 교육 당국은 자금 지원을 끊고 자격을 박탈해야 한다. 대학이 무엇을 어떻게 가르칠 것인지는 자유롭게 정하되, 스스로 정한 교육 목표를 달성했는지에 대한 책임을 져야 한다는 의미다.

미네르바스쿨의 학생들은 온라인 수업을 통해 다양한 지식을 쌓고 방문 국가의 대학과 기업에서 인턴십을 하거나 팀 프로젝트를 진행하며 문제 해결력을 키운다. 서울에서도 네이버·SAP코리아·소프트뱅크벤처스 등의 기업에서 프로젝트를 수행했다.

2007년 설립된 스페인의 몬드라곤 팀아카데미(MTA) 역시 미네르바스쿨처럼 캠퍼스나 강의실이 없고 심지어 교수와 강의도 없다. 대신 팀 코치가 창업에 필요한 지식과 기술을 학생들에게 제공하면서 기업가로 성장하도록 돕는다. 15명 안팎의 학생들은 팀을 이뤄 4년 동안 다양한 프로젝트를 수행하며 소통·협력하는 방법을 배운다. 학생들은 매년 20개 내외의 프로젝트를 수행하면서 쌓은 실전 경험을 바탕으로 창업에 나선다. 현재 MTA는 스페인뿐 아니라 중국·네덜란드·멕시코·인도 등 6개국에 11개 랩을 운영할 정도로 창업 교육의 메카로 자리 잡았다. 대학도 일방통행식 강의에서 벗어나 학생 스스로 문제를 찾고 해결하는 역량을 키울 수 있도록 '프로젝트 중심 교육(PBL, Project Based Learning)'을 강화하고 있다. 교육과 학습의 차이는 무엇인가? 교육은 가르치는 사람이 중심인 반면, 학습은 배우는 사람이 중심이다.

JOB TREND
03

워러밸 전성시대 - 국내 동향

코로나 팬데믹으로 일과 학습의 균형이 무너지면서 사상 유례없는 일들을 경험하고 있다. 기업에서 교육을 아예 하지 못하더니 결국 화상교육을 해야 했고, 재택근무와 원격교육의 병행이 일상이 되었다. 코로나19로 비대면 학습 수요가 급증하면서 연평균 16.3% 성장이 예상된다. 국내 에듀테크 시장 규모도 가파른 성장이 전망되지만, 국내는 정확한 성장 전망치조차 찾기 어렵다. 준비 없이 맞이한 화상교육은 직장인과 HR 담당자, 강사 모두에게 혼란

코로나 심각 단계 격상 전후 진행된 교육 분야 및 교육 형태 비교

(단위: %)

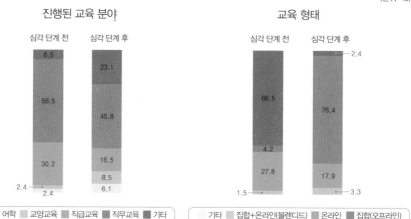

과 어려움을 초래했다. 원격수업의 질과 학습자들의 환경에 따른 학습 격차 문제가 1년 내내 이어졌다. 부실한 원격교육으로 HR 담당자와 리더들의 불만도 커지고 '학습자 방치'라는 얘기까지 나오고 있다. 이는 비단 교육 현장에서만 벌어지는 일이 아니다. 그렇다면 일과 학습의 균형을 어떻게 해야 할 것인가?

코로나19 이후 HRD(Human Resource Development)에는 큰 변화가 일어나고 있다. 집합교육이 많은 부분 축소되고, 원격근무는 급격하게 확대되고 있다. 서울대 산업인력개발학과 이찬 교수의 〈포스트코로나 시대의 대한민국 워러밸(WLB, Work & Learning Balance) 실태와 HRD 전망〉에 따르면, 코로나19 이후 직장 내 직무교육은 줄었지만 성희롱·안전 등 법정 의무교육은 오히려 늘어난 것으로 나타났다. 심각 단계 격상 시점인 2020년 2월 23일을 전후로 나눠

코로나 심각 단계 격상 전후 진행된 교육 방법 비교

(단위: %, 중복 응답)

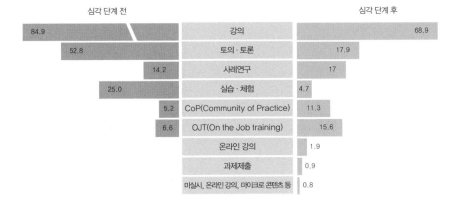

심각 단계 전		심각 단계 후
84.9	강의	68.9
52.8	토의·토론	17.9
14.2	사례연구	17
25.0	실습·체험	4.7
5.2	CoP(Community of Practice)	11.3
6.6	OJT(On the Job training)	15.6
	온라인 강의	1.9
	과제제출	0.9
	마실시, 온라인 강의, 마이크로 콘텐츠 등	0.8

어 온라인 설문조사를 실시하였으며, 전국 기업의 인사·교육 담당자 총 213명이 참여했다. 기업에서 진행된 교육 분야와 교육 형태에서도 코로나19 심각 단계 격상 전후의 차이를 확인할 수 있다. 코로나19 심각 단계 격상 전에는 직무교육(58.5%)과 직급교육(30.2%)이 주로 진행되었으나, 격상 후에는 각각 소폭으로 감소하였으며(45.8%, 16.5%), 기타 교육(법정 교육, 리더십 교육, 조직활성화 등)이 6.5%에서 23.1%로 크게 증가했다. 3.25%에 그쳤던 온라인 교육은 코로나19 이후에 직장 10곳 중 7곳(74.8%)이 새롭게 도입해 새로운 트렌드가 될 것으로 전망된다.

교육 방법 비교에 대한 설문조사에서는 코로나19 심각 단계 격상 전에는 주로 강의, 토의, 토론 및 실습 체험 위주의 교육이 진행되었으나, 격상 후에는 급격히 감소한 것으로 나타났다. 흥미로운 점은 '직장 내 교육 훈련(On The-Job training)'의 비중에 나타난 코로나19 심각 단계 격상 전후의 양상(6.6% → 15.6%)이다. 집합교육 등 코로나19로 인해 교육이 취소, 연기되고 오히려 근무 현장에서 '학습'이 활성화되었으나 이는 '체계화된 OJT' 형식이 아닌 '비체계적인 OJT'일 가능성이 큰 것으로 예상된다.

코로나19가 끝나 대면 교육으로 돌아가면 원격교육은 끝이라고 생각할 게 아니다. HRD를 어떻게 경험하고 있는지 알아볼 필요가 있다. 코로나19 심각 단계 격상 후 HRD에 대한 긍정 및 부정적 경험 키워드를 조사한 결과, 먼저 긍정적 경험에 대한 키워드는 '온라인, 언택트, 비대면 교육'(76건), '새로운 변화'(16건), '효과성'(12건)으로 나타났으며, 부정적 경험에 대한 키워드로 '인터랙션 부족'(31건), '교육 기회 부족'(25건), '집합교육 불가'(16건) 등으로 나타났다. 비대면 교육이 늘면서 언택트 교육의 효과가 생각보다 높았다는 긍정적 반응도 있지만, 강사와 학습자의 인터랙션이 부족하고, 교육 기회가 줄어들었고, 온라인 교육에서 몰입 시간이 감소될 수밖에 없다.

온라인 화상교육은 같은 내용을 반복한다거나 학습자의 반응을 확인하지 않는 일방향 수업이 문제로 지적되고 있다. 교육 방식만 온라인으로 바뀌었을 뿐 기존 방식대로 짜인 시간표에 맞춰 동영상 강의를 수강하거나, 동영상 강의를 틀어놓고 다른 일을 하는 등 부작용이 드러났다. 학습자 간 상호작용이 일어나지 못하므로 학습 촉진도 발생할 수 없는 한계가 있다. 원격수업에서 가장 중요한 것은 쌍방향 피드백인데 소통이 제대로 이루어지지 못하는 경우도 있었다.

코로나19 심각 단계 격상 전후, HRD의 환경에 급격한 변화가

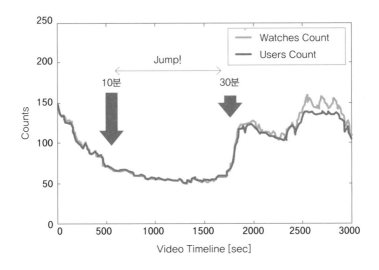

있었음을 확인할 수 있다. 따라서 원격근무 및 비대면 근무 환경에 요구되는 핵심 역량을 살펴보는 것은 매우 중요한 일이다. 심각 단계 격상 후 원격근무 또는 비대면 근무 시 '본인 및 상사에게 요구되는 역량'을 조사한 결과, '나에게 요구되는 핵심 역량'은 '디지털 숙련'(55.7%), '유연한 사고'(51.4%), '데이터 활용'(31.6%) 순으로 나타났다. '상사에게 요구되는 핵심 역량'은 '유연한 사고'(60.8%), '리더십'(41.5%), '디지털 숙련'(39.2%) 순으로 나타났다. 기업에서는 공통적으로 원격근무 시에는 '유연한 사고'를 가지고 '디지털 숙련'을 해야 한다.

위 그래프는 온라인 동영상에 따른 사용자 상호작용을 보여준다. 대면 교육과 비대면 교육에서 학습자의 몰입 시간이 차이가 있다는 것은 진행해보면 느낄 수 있다. 특히 빨간색 곡선은 순 사용자의 조회 수이고 파란색 곡선은 총 시청 횟수이다. 개별 사용자의 조회 수 집계다. 가로축은 초 단위의 비디오 타임라인이고 세로축은 조회 수이다.

여기에서 비디오와 학습자의 상호작용에 대한 통찰력을 얻게 된다. 첫째, 10분 이후 주의력이 급격히 떨어지고 있다. 실제로 테드(TED)는 연설자에게 주어진 시간이 최대 18분이다. 그 이유는 청취자의 주의력이 15분 이후에 급격히 떨어진다는 주장에 근거한 것이다. 둘째, 학습자들이 한 장소에서 다른 장소로 이동하기로 선택할 때 동영상에서 가장 자주 착륙하는 위치는 25분이나 30분으로 다시 점프했다. 비디오에서 뒤로 또는 앞으로 이동하는 대부분의 점프가 짧다. 비디오 후반부에서 많은 학습자들이 이전 섹션을 이해하기 위해 다시 시작했다.

온라인 교육은 주의 집중에 한계가 있을 수밖에 없다. 가장 큰 문제가 되는 학습자의 지루함을 줄이고 주의 집중력을 높이기 위해 더욱더 노력해야 한다.

비대면 교육에서는 실재감(presence)이 문제될 수 있다. 실재감이란 '어딘가에 존재하는 느낌'으로, 주어진 환경에 대한 개인의 주관적인 인식을 의미한다. 교육에서의 실재감은 스스로 학습에 참여하고 있음을 인지하는 것이라고 볼 수 있다. 학습 실재감은 인지적 실재감, 감성적 실재감, 사회적 실재감으로 나누어볼 수 있다.

첫째, '인지적 실재감(cognitive presence)'이란 학습 과정에서 경험하는 지적 요소, 쉽게 말해 무언가를 배운다는 느낌을 뜻한다.

둘째, '감성적 실재감(emotional presence)'이란 자신과 학습자료, 그리고 소통 당사자 간의 접촉을 통해 스스로 자각하여 주위 환경에 대해 긍정적 느낌이 드는 정도를 뜻한다. 예를 들어 학습을 수행할 때 느끼는 만족감이나 불편함, 내용이 어렵다는 불만 또는 흥미로움 등의 감정을 스스로 인지하는 것이다.

셋째, '사회적 실재감(social presence)'이란 교수 학습 상황에서 학습자들이 서로 사회적, 감정적으로 연결되어 있다는 느낌을 얼마만큼 가지는가를 의미한다. 팀워크를 통해 사람들과 같은 공간에 있는 느낌을 뜻하는 것이다.

최근 디지털 기술과 비즈니스 환경이 빠르게 진화함에 따라 구성원들의 역량이 변화 속도를 따라가지 못하는 '스킬 갭(skill gap)' 현상이 나타나고 있다.

'리스킬링(reskilling)'은 전혀 다른 역할을 수행하기 위해 새로운 기술을 배우는 것을 의미한다. 비즈니스 맥락에서 리스킬은 직원에게 새로운 기술을 가르치는 것을 의미할 수도 있다. 고용주는 직원의 기술이 더 이상 필요하지 않거나 해당 직원이 맡은 직책이 쓸모없게 되었지만, 고용을 유지하려는 경우 재교육에 관심을 보일 수 있다. 그 직원을 다른 지역으로 완전히 옮길 수 있으며, 직원은 새로운 역할을 잘 수행하기 위해 새로운 기술을 배워야 한다. 예를 들어 회사에 사무원이 더 이상 필요하지 않을 수 있지만, 해당 직원의 회사에 대한 경험과 지식은 귀중한 자산이 되어 새로운 기술을 배우면 수요가 있는 직책으로 이동할 수 있다.

'업스킬링(upskilling)'은 직원이 다른 업무를 수행하기 위해 추가 학습을 통해 관련 기술을 향상하는 것을 의미한다. 예를 들어 회사의 숙련된 마케팅 임원은 마케팅 업계의 변화에 적응하기 위해 디지털 마케팅 기술을 배워야 한다. 이 경우 직원은 이미 강력한 기반과 기본 지식을 갖추고 있으며 업무를 더 잘 수행하기 위해 몇 가지 기술을 더 배우기만 하면 된다. 업스킬링은 회사의 인재 격차를 줄이는 데 도움이 된다. 현재 대부분 기업의 재교육 프로그램은 리스킬링과 업스킬링을 동시에 활용하고 있다.

일과 학습의 균형은 코로나19 이후 발생한 학습 격차를 보완하는 데서 시작해야 한다. 학습력은 한번 뒤처지면 다시 만회하기 어렵고 배움으로 얻을 수 있는 기회 손실로 이어진다. 현재와 같은 비대면 시대에는 교육장이나 연수원으로 학습자를 불러 모으는 것이 아닌, 디지털 기반으로 HRD가 업무 현장으로 들어가야 한다. 현장 중심 학습의 중요성을 인지하고 일과 학습의 균형을 고려하는 것이 HRD 관점에서 해결해야 할 과제이다.

워러밸 전성시대에 유의해야 할 5가지

코로나19 이후 전통적인 일과 학습의 패러다임 변화를 요구하고 있으며, 지금까지 당연하게 여겨왔던 많은 교육과 학습이 다른 차원으로 변모하고 있다. 워러밸 전성시대에 생애 설계 관점에서 일과 학습의 균형을 잡는 전략을 설계해야 한다. 일과 학습의 문제에 대한 대응이 늦어지는 순간 그동안 어렵게 쌓아온 금자탑은 빠르게 무너질 것이다. 미래 경제·산업·사회 변화와 디지털 전환을 조망하는 일과 학습의 관점에서 유의해야 할 사항들을 살펴본다.

1. 정보 격차를 줄이기 위해서 워러밸에 관심을 가져야 한다

언택트 시대에는 넘쳐나는 다양한 콘텐츠들을 잘 활용하는 것이 무엇보다 중요하다. 언택트 기반 콘텐츠 개발에 따른 인프라 한계를 넘어야 한다. 4차 산업혁명, 코로나19 시기에 콘텐츠를 이용할 수 있는 정보의 접근성, 기회의 제공은 평등해야 한다. 정보 격차가 심화되는 상황에서 정부는 워러밸에 관심을 가질 필요가 있다.

2. '현장 외 훈련'뿐만 아니라 '현장 훈련'이 되어야 한다

재택근무와 원격근무를 하면서 기업 교육을 하기는 쉽지 않다. 또한 코로나19로 아이들이 집에서 온라인 수업을 함에 따라 가족 간에 갈등이 더욱더 커지고 있다.

'현장 훈련'이 '현장 외 훈련'보다 학습 성과가 높다는 연구들도 있다. '체계적인 현장 훈련'이 아닌 '비체계적인 OJT'일 가능성이 크다. 좀 더 '체계적 현장 훈련'으로 일과 학습의 문제를 동시에 해결해야 한다.

3. 온라인 교육에 따른 집중도 저하, 학습의 피드백 감소로 인한 지루함이 결국 교육 효과를 저하시킨다

온라인 교육에 따른 집중도 저하, 학습의 피드백 감소, 강사의 학습자 제어 한계, 학습 요구 미반영 등에 대한 고민이 필요하다. 특히 비대면 교육은 대면 교육에 비해 집중도가 떨어질 수 있으니 학습자를 배려하고 포용할 수 있는 액티비티가 있어야 한다. 학습자와 교수자가 함께 배우고 깨우치는 과정에서 흥미, 의미, 재미 등 3미(三味)가 있어야 더욱더 좋을 것이다.

4. 비대면 교육에서는 더욱더 저작권, 초상권 문제 등에 민감해야 한다

온라인 저작권 문제, 초상권 문제 등 저작권 이슈가 자주 발행하고 있다. 무분별하게 떠도는 인터넷상의 사진, 영상, 도표, 그래픽 등의 시청각 자료는 저작권을 알지 못하는 사람들이 무단 도용 ·

배포할 수 있다. 최근 코로나19로 인해 동영상 제작 및 화상교육을 진행하는 기업이 급격히 증가했는데, 온라인 강의에 사용되는 콘텐츠들이 무단으로 사용되고 있다는 논란이 일고 있다. 자체적으로 학습 교재를 기획, 개발하지 않고 온라인에 존재하는 기존의 창작물을 사용할 경우 더 큰 법적 문제를 야기할 수 있다. 한국음악저작권협회, 한국문학예술저작권협회 등 권리자 단체도 저작권 문제 제기를 많이 하고 있는 상황이다 무수한 콘텐츠를 선별할 수 있는 안목과 저작권 의식이 중요하다.

5. 언택트 교육은 주어진 온라인 여건에서 실재감을 줘야 한다

비대면 교육에서는 '실재감'이 문제가 될 수 있다. 스스로가 학습에 참여하고 있음을 계속 인지하고 있어야 한다. 학습자들이 서로 사회적, 감정적으로 연결되어 있다는 느낌을 가지는 것이 중요하다. 온라인 공간을 교육의 장으로 넓히는 마음을 가져야 한다.

참고문헌

· 박형수, 〈불운의 20학번? 비대면 수업 미네르바에선 아무 영향 없었다〉, 중앙일보, 2020. 08. 24.
· 송세찬, 〈세계는 교육혁명중… 캠퍼스 없는 대학…6개월짜리 학위〉, 다온타임즈, 2021. 03. 26.
· 이찬, 〈포스트코로나 시대의 대한민국 워러밸(Work & Learning Balance: WLB) 실태와 HRD 전망〉, THE HRD REVIEW 23권 3호, 2020. 09. 15.
· 임철일, 〈비대면 수업의 효과적인 운영방안 강의〉. 서울대학교 교육학과, 2020.
· 임철일 외, 《포스트코로나 시대의 스마트 학습 환경 연구—물리적 · 디지털 공간을 중심》, 한국교육학술정보원, 2021.
· 최종복, 〈코로나 상황에서의 교육은 어떻게 변화할 것인가?〉, 콩나물신문, 2020. 08. 20.
· 전재식 외, 《일과 학습의 미래》, 경제 · 인문사회연구회, 2019. 06. 30.
· 허정윤, 〈코로나19 중간 결산 "뉴노멀 시대, 단순 온라인 수업 대신 미래교육 준비해야"〉, 한국대학신문, 2020. 05. 30.
· 피터 센게, 《학습하는 조직》, 에이지21, 2014.
· 로널드 제이콥스, 《체계적 현장직무 교육 훈련 Structured On-The-Job Traning》, 크레듀 하우, 2011.
· Dr. Larry Lagerstrom, 〈The Myth of the Six Minute Rule: Student Engagement with Online Videos〉, Stanford University, 2015.

폴리매스형 인재

·

한 우물만 파기보다 다재다능한 인재가 뜬다

어떤 분야에서든 전문가가 되고 성공하기 위해서는 3가지가 필요하다. 재능, 공부, 그리고 노력이다.
- 헨리 워드 비처

폴리매스형 인재 –
이제 한 우물만 파는 시대는 끝났다!

이제 평생 학습해야 하는 시대다. 발전하는 기술로 인해 변호사, 의사, 회계사, 세무사, 변리사 등 많은 전문 직업들이 AI로 대체될 것이다. 두뇌를 사용하는 대부분의 게임에서 인간은 AI에 완패를 당하고 있다.

기술 전문화 영역은 인공지능이 인간을 대체할 것으로 확신하며, 인간 수준의 인공지능은 향후 20년 내에 등장할 전망이다. 성인들도 새롭게 공부하지 않으면, 변화에 뒤처져 일자리가 없어질 것이다. 폴리매스형 인재는 《채용 트렌드 2021》에서 다루었던 '멀티커리어리즘'과도 상관이 있다. 한 우물만 파는 이전 시대에는 별문제가 없었지만 이제는 우리 안에 숨겨진 '폴리매스(polymath)' 기질을 재발견해야 한다. 폴리매스란 박학다식한 사람으로 여러 분야에 대해 많이 알고 있거나 백과사전식 지식을 지닌 사람을 일컫는 말이다.

최초의 폴리매스 프로젝트는 필즈상 수상자인 팀 가워스가 2009년에 조합론 분야의 난제를 자신의 블로그에 올려 같이 해결

	T자형 인재	A자형 인재	H자형 인재	폴리매스형 인재
인재 모형				
특징	T자형 인재는 전문성과 다양성의 조화를 추구하여, 일본자동차 TOYOTA에 처음 사용.	A자형 인재는 사람 '人' 'ㅡ'로 연결하여 사람과 사람 사이의 소통 역할을 해주는 인재로 안철수연구소에서 처음 사용.	H자형 인재는 최소 2가지 분야에서 자기분야와 타분야를 연결하는 Human 중심 인재	폴리매스형 인재는 한 가지 분야 벗어나 3가지 이상 분야에 대해 많이 알고 있는 박학다식한 인재

하자고 제안하면서 시작됐다. 이 제안에 테렌스 타오를 포함해서 40명이 넘는 수학자들이 댓글 토론을 벌였다. 결국 문제는 해결됐고, 'D. H. J. Polymath'라는 이름으로 논문이 출간됐다. 연예인 그룹처럼 수학자 그룹명을 사용한 것이다.

　교육에 대한 세상의 요구가 달라졌다. 지금까지의 교육은 전문가 양성에 초점이 맞춰졌다. VUCA(Volatility변동성, Uncertainty불확실성, Complexity복잡성, Ambiguity모호성)로 대변되는 시대를 맞아 교육의 방향이 변하고 있다. 이전에는 기계의 톱니처럼 각 분야에 맞는 전문가를 양성하는 교육이 필요했다. 그러나 시대가 바뀌면서 인재상도 변했다.

　일본의 도요타에서 시작한 'T자형 인재'는 특정 분야의 전문적 소질(세로축)과 다양한 소양(가로축)을 지닌 사람을 의미한다. T자형 인재는 전문성과 다양성을 모두 갖춘 스페셜리스트이자 제너럴리스트이다. A자형 인재는 전문성, 인성, 팀워크를 겸비한다. 안철수 박사가 제시한 개념으로 안랩(AhnLab)의 A를 따온 이름이다.

최근에는 여러 분야에 대한 지식의 폭이 넓고 깊은 'H자형 인재'가 각광받는다. H자형 인재는 단순한 조합에 그치는 것이 아니라 알파벳 H자형과도 닮은 모형이다. '인간 중심(human)'의 H를 따온 것이다.

제너럴 스페셜리스트란 전문지식을 가지고 있으면서도 경영 전반을 종합하는 능력을 갖고 있는 슈퍼 브레인이다. 와튼스쿨의 로스 웨버(Ross A. Webber) 교수는 지금 기업 경영자에게 요구되는 것은 전문지식을 일반적인 경영에 효과적으로 접목할 수 있는 능력이라고 했다. 대표적인 인물이 스티브 잡스, 마크 저커버그 등이다. 스페셜 제너럴리스트란 소프트스킬을 갖춘 다음 전문적 능력을 높이는 것이다. 예를 들어 특정 분야 글쓰기로 시작했지만 나중에는 모든 글을 두루 잘 쓰는 것이다. 폴리매스형 인재는 특정 분야의 전문적 소질(세로축)을 갖추고 깊이 있는 분야로 두루두루 넘나드는 사람들이다. 대표적인 인물은 움베르트 에코, 이어령, 다산 정약용, 세종대왕 등이다.

다니엘 핑크는 경계를 넘나드는 사람은 '바운더리 크로서(Boundary Crosser)'라고 명명했다. "바운더리 크로서들은 다양한 분야의 전문성을 개발하고, 다양한 언어를 구사하며, 다양한 인생 경험을 즐기는, '멀티라이브(multi-live)'를 영위한다."

《늦깎이 천재들의 비밀(Range)》의 저자 데이비드 엡스타인(David Epstein)은 각 분야에서 크게 성공한 사람들 가운데는 폭넓은 관심과 지적 호기심을 지닌 늦깎이 제너럴리스트가 많음을 밝혀냈다. 저자는 세계에서 가장 성공한 운동선수, 예술가, 발명가, 미래예측가, 과학자들의 삶을 조사하고 그들을 직접 인터뷰한 결과 조기교육에 대한 맹신은 잘못된 것이라는 결론에 이르게 됐다고 한다. 조기교육에 관한 과학적 연구 결과를 보면 두 살에 골프를 시작해 최고에 오른 타이거 우즈와 같은 경우는 극히 예외적인 사례에 불과하다. 영국의 한 음악 기숙학교 학생들을 조사해보니 학교가 비범하다고 분류한 학생들은 악기를 더 늦게 시작했고 어릴 때 집에 악기가 없는 경우가 더 많았으며 음악 레슨도 드물게 받은 것으로 나타났다.

교육경제학자들의 연구에서는 학업 성취도를 높이는 67가지 아동 조기교육 프로그램들이 제공하는 이점은 빠르게 약해지고 심지어 완전히 사라지는 '페이드아웃' 현상이 뚜렷하다는 사실이 발견됐다. 연구진은 조기교육 프로그램이 절차 반복을 통해 금방 습득할 수 있는 '닫힌' 기능들을 가르치며 어떤 시점에 이르면 모든 아이가 자동으로 그런 기능을 습득하기 때문이라고 그 이유를 분석했다. 인생의 성공에 더 큰 영향을 미치는 것은 오히려 '샘플링 기간', 즉 자신의 적성과 관심을 폭넓게 탐사하는 기간의 유무다. 자기 능력의 정점에 이른 엘리트 선수들은 준엘리트 선수들보다 집중적인 훈련에 더 많은 시간을 쓴다.

엘리트 운동선수들을 분석한 조사에 따르면 이들은 0~15세 기간에 훗날 자신들이 전념하게 되는 종목에 쏟아부은 시간이 준엘리트 선수들보다 적었다. 그 대신 체계가 엉성한 환경일지라도 다양한 운동을 경험하는 샘플링 기간을 거쳤다. 대기만성형을 '슬로 베이커(slow baker)'라고 부른다. 영국의 조사에서는 고등학교 재학 기간에 충분한 전공 탐색 기회를 가진 학생들보다 일찌감치 진로를 결정한 학생들이 졸업 후 전직하는 사례가 더 많은 것으로 나타나기도 했다. 엡스타인은 이 밖에도 많은 실증적, 역사적 사례를 들어 "장기적인 성공을 원한다면 단기적인 성취에 현혹되지 말라"고 조언한다.

왜 지금 이런 폴리매스가 각광받을까. 4차 산업혁명 시대에는 변화가 상수(常數)이고, 다양한 분야의 재능과 지식이 통합 적용되는 경우가 많기 때문이다. 날로 발달하는 인공지능(AI)이 한 분야의 전문가들이 수행해 온 일자리를 대체할 것이라는 전망이다. 정형화하기 어렵고 다양한 지식의 융합이 필요한 AI 알고리즘으로 해결하지 못하는 문제를 폴리매스가 해결할 수 있다는 것이다. 100세까지 장수하는 시대가 된 것도 이유다. 사는 날이 길어진 만큼 더 많은 변화에 적응하려면 직업을 몇 번은 바꿔야 할 수 있다. 동서양을 막론하고 과거에는 폴리매스를 조롱하는 말이 많았다. "많은 걸 잘하면, 특별히 잘하는 게 없다(Jack of all trades, master of none)"는 영어 속담에, "한 우물을 파라", "재주가 12가지면 밥 굶는다"는 우리 속담까지. 그러나 이젠 한 우물만 파면 안 된다. 특히 우리 자녀들이 살아갈 미래에는 재주가 많으면 부자가 될 가능성이 더 크다.

《폴리매스》의 저자인 와카스 아메드(Waqas Ahmed)는 "사실 인간으로서 우리는 다양한 기술과 능력을 가지도록 진화했다. 우리는 선천적으로 다면적이고 다재다능하다"고 말했다. 폴리매스가 되어서 자신의 분야를 넘어서는 학습을 계속해야 한다. 이건 선택이 아니라 필수이다. 새로운 시대의 주인공이 되기 위해서는 폴리매스가 되어야 한다. "아직 85세가 되지 않은 사람이 자신을 스스로 제약하는 것은 참으로 어리석은 짓입니다"라고 말콤 글래드웰은 말한다. MZ세대의 부모들은 한 회사에 입사해 청춘을 바치고, 정년을 보장받는 시대에 살았다. 하지만 요즘은 하나의 직업을 선택하는 경우는 있어도 하나의 회사만 다니는 사람을 찾아보기 어렵다. 취업 시장이 전환기에 놓인 것이다. 새로운 패러다임에 적응해야 하는 것은 MZ세대만의 과제가 아니다. 폴리매스로 타고난 인종이나 집단이 따로 있는 게 아니다. 모든 인간은 폴리매스가 될 가능성을 타고난다. 사실은 폴리매스가 되어가는 것이 아니라 폴리매스로 되돌아가는 것이다. 폴리매스가 되는 일은 타고난 자신의 본질에 솔직해지는 일이며, 의식 속에서 찬란하게 빛나는 잠재성을 해방시키는 일이다.

폴리매스형 인재 - 세계 동향

하나의 전문화된 지식에서 벗어나 여러 지식을 통합하라

구글 전 CEO 에릭 슈미트와 웬디 슈미트가 설립한 자선 단체, 슈미트 퓨처스(Schmidt Futures) 재단은 희귀한 학제 간 학문을 연구하는 연구원들을 위해 250만 달러(한화 약 30억 원)의 상금을 지급한다. 이 상의 이름은 '폴리매스상(Polymath Award)'이며, 현재 총 2명의 수상자를 배출했다. 제1회 폴리매스상 수상자는 미국 MIT의 제프 고어(Jeff Gore) 교수와 이스라엘 텔아비브 대학교의 오드 레차비(Oded Rechavi) 교수이다. 이들은 5년 동안 한 해 50만 달러를 지급받는다.

폴리매스의 사전적 의미는 '박식가, 여러 면에서 다재다능한 사람'이다. 에릭 슈미트는 "자원이 여기 있으니, 새로운 연구 분야의 지평을 열며 위험을 감수하고, 다른 연구 재단이 꿈꾸지 못할 파격적인 아이디어를 조사할 것"이라며 이 상의 설립 목적을 밝혔다. 폴리매스상을 수여하는 연구 집단이 진행하는 '슈미트 사이언스 폴리매스 프로그램'은 첨단 과학기술을 깊이 있게 적용하고 여러 분야에서 협력해 우수한 인재를 발굴하며 타인을 위해 더 많은 성과를 거둘 수 있도록 설립되었다. 이 프로그램은 학제 간 연구를 더욱 확대할 수 있는 수단을 제공하는 것을 최상의 목표로 설정하고 있다.

슈미트 퓨처스 재단은 "특정 연구 아이디어에 집중하기보다는 사람, 그들의 특별한 재능, 팀에 사활을 거는 것이 이 프로그램의 목표"라고 명확히 제시한다. 수상자가 더 선정되면 권위 있는 네트워크를 구축하여 학제 간 융합과 과학 협력을 더욱 활성화할 전망이다.

인류 최초의 비행으로 기록된 라이트 형제의 비행기 설계도도 레오나르도 다빈치가 처음 만들었다. 다양한 경험이 컨버전스를 통해 새로운 가치와 부가가치를 창출한다. 호기심을 갖고 다양한 분야로 넓히는 폴리매스형 인재가 각각의 분야를 넘나들며 경계를 허물고 연결을 통해서 시대를 이끌어갈 전망이다. 인간은 인공지능 덕에 수많은 정보를 축적하고 정리해야 하는 과중한 짐을 덜어내고 있다. 따라서 하나의 전문화된 지식에서 벗어나 여러 지식을 통합하고, 정리하고, 융합하고, 연결하여 인간의 고유한 지혜를 살려 활용할 수 있는 폴리매스 교육으로 접근해야 한다.

폴리매스형 인재 - 국내 동향

지금은 전 세계의 융합형 인재를 확보하기 적합한 시기다!

비대면 업무 보고, 원격근무, 자유로운 근무시간 등 전통적인 업무 환경이 붕괴되고 일하는 방식의 변화가 시작됐다. 자발적이고 독립적으로 일하기, 소통, 협업 역량에 대한 요구가 커지게 됐다. 앞으로 펼쳐질 포스트코로나 시대는 새로운 근무 형태 외에도 변화한 시대에 걸맞은 추가적 역량을 요구한다.

현대자동차그룹은 직원 및 인턴 채용도 MZ세대(1980~2000년대 출생)에게 익숙한 방식으로 바꿔가고 있다. 현대차는 신입·경력 채용에 화상면접을 본격 도입했다. 코로나19 확산으로 일반직과 연구직 신입(인턴 포함)·경력 채용 면접을 화상으로 전환하긴 했지만, 이제는 전 세계의 융합형 인재를 적기에 확보하는 데 적합한 방식이라는 점이 더 중요해졌다. 현대차 관계자는 "멀리 떨어져 있는 해외 및 지역 우수 인재, 시간 제약이 많은 경력사원은 대면 면접에 참석하기 어려우므로, 다양한 부문의 유능한 인력을 채용하는 데 한계가 있다"고 말했다. 반면 화상면접은 시공간 제약이 적어 채용할 수 있는 지원자 범위가 확대되고 전형 과정도 신속하게 진행할 수 있기에 회사와 지원자 모두 '윈윈(Win-Win)'할 수 있다고 설명했다. 현대차는 화상면접을 확대하기 위해 화상면접 전용 공간과 고화질 카메라, 고성능 마이크, 대형 스크린 등 시스템을 완비했다. 지원자는 장소에 제한받지 않고 다수의 면접관과 질의응답하는 방식으로 면접에 참여할 수 있다.

현대차는 2018년부터 해외와 지역 인재들을 위해 온라인 채용 설명회도 시행 중이다. 2019년부터는 유튜브에 'H-T.M.I'라는 직무 소개 채널을 개설해 사내 직원 크리에이터들이 직접 직무와 조직문화 등 실질적인 정보를 전달하고 있다. 현대차는 앞으로 인공지능(AI)과 빅데이터를 활용해 지원자에게 적합한 직무와 채용 공고를 추천해주는 지원자 맞춤형 서비스도 제공할 예정이다.

현대차와 기아는 2019년에 이미 전통적인 정기 공개채용을 없애고, 인사 부문이 아니라 현업 부서에서 필요한 인재를 직접 선발하는 직무 중심 '상시 공개채용' 방식으로 전환했다. 현대차 관계자는 "현재의 산업 환경에서는 인문학과 자연과학, 공학 등 다양한 전공의 지식을 두루 갖춘 융합형 인재가 요구된다"며 "상·하반기 정해진 시점에 채용하는 기존 방식으로는 제조업과 정보통신기술(ICT)이 융복합되는 미래 산업 환경에 맞는 인재를 적기에 확보하기 어렵다"고 설명했다. 현대차는 인턴도 기존 하계·동계 선발 방식에서 벗어나 연중 상시채용 프로그램인 'H-익스피리언스'로 변경했다.

"은행원이라고 금융 지식만 보지는 않아요. 은행 간 디지털 경쟁이 치열해진 만큼 '디지털'과 '금융'이 합쳐진 융합형 인재 채용에 관심이 더 많습니다."

매년 열리는 일자리 콘서트에서 취업을 준비하는 직업계 고등학교 학생들이 가장 많이 찾는 부스가 은행이다. 올해는 하나, 농협, 신한, 국민, 우리 등 5개 은행이 부스를 마련했다. 현장 면접을 하지 않았지만 채용 계획과 인재상을 궁금해하는 학생들의 문의가 빗발쳤다. 은행원을 희망하는 학생들을 대신해 리포터가 '랜선 박람회 투어'를 통해 각 은행을 찾았다.

농협은행 인사 담당자는 신한, 하나 등 여러 은행에서 볼 수 있듯 고졸 은행장이 얼마든지 나올 수 있다는 점을 강조했다. 현재 지점장 이상으로 승진한 베테랑 은행원 중 고졸 입행자가 많다. 진옥동 신한은행장은 덕수상고(현 덕수고) 출신이고, 하나은행장을 지낸 함영주 하나금융 부회장도 강경상고를 나왔다. 그는 "농협은 2017년 말 블라인드 채용을 도입했다"며 "4년제졸(5급 행원)과 전문대졸 이상(6급 행원)으로 구분되던 학력 제한도 완전히 없앴다"고 소개했다.

신한은행도 2018년 블라인드 채용 도입 이후 20여 명의 고졸 행원이 대학, 대학원 졸업자와의 경쟁을 뚫고 선발됐다. 신한은행 인사 담당자는 "이와 별도로 하반기에 정보통신기술(ICT) 전문 고졸 인력을 뽑을 예정"이라고 귀띔했다. 그는 "비대면으로 코딩 실력을 평가하는 방안을 고심 중"이라며 "은행업의 디지털 전환과 기술 변화에 대해 꼼꼼히 공부하는 게 유리하다"고 조언했다.

우리은행은 지난해 80여 명의 고졸 인재를 뽑았는데 코로나19 사태로 아직 고졸 행원 채용 일정은 확정 짓지 못했다. 우리은행 인사 담당자는 "하반기 채용 계획을 고심 중"이라며 "고졸 개인금융

서비스 직군 행원들이 업무 역량과 조직 적응에 우수하다는 평가를 받고 있어 우리은행에서 역량 있는 인재로 자리매김하고 있다"고 전했다. 하나은행은 지난해에 이어 올해도 특성화고 학교장 추천 채용을 준비 중이다. 하나은행 인사 담당자는 "은행들도 비대면 앱 기반 금융 등 디지털 전환을 추진하고 있어 디지털 기본 소양을 갖춘 인재를 선호한다"고 소개했다. 국민은행도 예년 수준의 고졸 인재 채용 계획을 마련 중이다.

문과와 이과를 융합하는 폴리매스형 인재가 대세다

"문·이과 융합대학원을 내년에 출범한다. 전문지식 토대 위에 인문적 교양과 지식을 쌓아 사회와 기업의 리더로 성장할 수 있는 '폴리매스형' 인재를 키우기 위해서다."

김무환 포항공대(포스텍) 총장은 앞으로 떠오를 인재를 키우기 위해 인문·사회학 전공자에게 인공지능(AI) 지식을 가르치는 '소셜데이터사이언스 대학원' 실험에 나섰다. 바이오 산업을 한 단계 더 업그레이드할 수 있도록 의사 과학자를 양성하는 연구중심 의과학대학원 설립도 추진하고 있다. 포스텍은 학생들이 자유롭게 전공을 경험하고 자신만의 맞춤 전공을 만들 수 있도록 무학과로 선발하고 학과 정원을 없앴다. 또 학생들은 전공이 맞지 않으면 얼마든지 전과할 수 있도록 했다. 덕분에 학생들은 1년 동안 어떤 일을 할지 찾을 수 있다.

소셜데이터사이언스대학원에 SK하이닉스와 포스코가 트랙을 개설했고 추가적으로 다른 기업과도 트랙 개설을 논의 중이다. 사회와 조직의 복잡성이 증가되면서 문제 해결을 위한 접근도 새로운 틀에서 모색하는 게 효과적일 것이라는 SK하이닉스 기업 내부 판단이 있었다. 이런 필요에 따라 인문사회학적 소양과 이공계 전문지식을 갖춘 폴리매스형 인재를 길러내는 작업을 함께하게 된 것이다. 대학원은 보통 면접으로 전공지식을 확인하지만 SK하이닉스와 함께 개설하는 트랙은 논리력이나 창의력을 확인하기 위해 입학 때 논술시험을 보기로 했다.

지난 20~30년간 대학들은 전문가를 키우는 데 집중했다. 이를 통해 전문가 중심 사회가 이어져왔지만 한계도 드러났다. 너무 전문적이다 보니 자신의 영역이 아닌 분야에 대해서는 무지하고 큰 그림으로 종합적인 판단과 결정을 내리는 데 어려움을 겪었다.

이 때문에 어느 정도 전문성을 갖추고 있으면서도 다방면의 지식을 갖고 있는 '폴리매스형 인간'에 대한 필요성이 커졌다. 폴리매스형 인간은 다양한 지식을 가지고 합리적인 선택을 할 수 있다. 쉽게 말해 융합대학원은 이미 전문지식을 갖추고 있는 사람들이 기업의 최고경영자(CEO)나 조직의 리더가 될 수 있도록 교육하는 역할을 한다고 보면 된다. 전문가가 될지 폴리매스형 인간이 될지는 학생 본인이 결정해야 한다. 학교는 어떤 길이 있는지 소개해 주고 조언해 주는 역할을 할 뿐이다. 벤처 기업을 하고 싶다면 폴리매스형 인간이 되는 게 훨씬 나을 것이다. 정책적 판단 등 여러 역량이 필요하기 때문이다.

폴리매스형 인재가 되기 위한 6가지

폴리매스형 인재는 단순히 다양한 멀티플레이어를 의미하는 것이 아니다. 어설프게 다양한 지식을 아는 사람이 아니라 이질적인 분야들을 연결하는 융합형 인재다.

"나 자신을 대할 때 열린 자세를 유지했고, 어떤 모습도 당연하게 여기지 않았다. 나를 속속들이 '아는' 척하지 않았기에 내 한계가 어디인지도 알지 못했다."《마침내 내 일을 찾았다(Working Identity)》의 저자 허미니아 아이바라 역시 자신의 참모습과 잠재성을 발견하는 일은 시행착오가 필요한 과정이므로 가장 좋은 방법은 다양한 일에 도전하며 각 경험에 대한 자신의 반응을 평가하는 것이라고 강조했다.

1. 자기 자신을 이해하는 능력과 나만의 개성을 찾자

전문화를 숭배하는 사고에서 벗어나자. 더 이상 한 가지 직업만으로 변화하는 세상에서 살아남을 수 없음을 기억하자. 모든 사람이 폴리매스가 되어야 하는 것이 아니다. 하지만 다방면에 소질과 흥미를 지닌 사람이라면 폴리매스가 되는 것이 자신에게 진실한 태도이다. 자신의 고유함을 알아차리고 이를 확신하는 것이 자기만의 개성을 찾는 첫걸음이다. 개성을 찾는 과정은 곧 자아(self)에 초점을 맞추는 과정이다. 자아는 이기적인 에고(ego)와 구분해야 한다. 나 자신과 다투지 말고 나를 있는 그대로 수용해야 한다. 일단 자신이 누구(who)인지 알고 나면 무엇(what)이 될지 알 수 있다.

2. 호기심이 생겼을 때, 귀찮아 하지 말고 탐구해 보자

폴리매스를 움직이는 원동력이 바로 호기심이다. 호기심은 경계를 짓지 않고 중단 없이 탐구하는 능력이다. 행동과학자 조지 뢰벤슈타인(George Lowenstein)에 따르면, 호기심은 "우리가 아는 것과 알고 싶은 것" 사이에 간극이 느껴질 때 발생하는 충동이라고 한다. 우리는 이 간극을 느끼는 순간 마치 뇌가 모기에게 물린 듯 간지러움을 느낀다. 가려운 부위를 긁듯이 새로운 지식을 찾아 나선다. 우리 뇌는 모호하고 애매한 것을 싫어해서 이를 해소하고 싶은 것이다. 자신이 모르는 것을 알고 싶은 욕구는 거부하지 못할 보편적 욕망이다.

3. 자신이 모른다는 사실을 인정하고 다재다능함을 깨닫자

우수한 지능과 다재다능함 사이에는 밀접한 관련이 있다. 하워드 가드너(Howard Gardner)가 말한 다중지능에는 음악지능, 공간지능, 언어지능, 논리수학지능, 신체운동지능이 포함된다. 가령 공간지능, 음악지능, 논리수학지능, 신체운동지능이 모두 높은 사람은 음악, 미술, 수학, 스포츠에서 특출한 역량을 보일 가능성이 높다. 폴리매스는 다중지능 이론과 완벽히 일치한다. 여러 분야에 재능이 뛰어난 이들이 있고 그렇지 못한 이들이 있다. 옥스퍼드 대학교의 프레이 교수와 오스본 교수는 그들의 논문 〈직업의 미래 (The Future of Employment)〉에서 "운동 능력은 자동화할 수 있지만 사회지능과 정서지능은 쉽게 자동화할 수 없다"고 밝혔다. 폴리매스의 관점에서 특히 중요한 사실은 이 2가지 지능은 다수의 분야에 적용될 수 있다는 것이다. 자신이 모른다는 사실을 인정하고, 배움을 통해 스스로 다재다능함을 깨닫자.

4. 여러 분야의 지식과 경험을 넘나드는 능력을 기르자

다재다능한 사람이 되려면 자신의 관심 분야를 제한하지 말아야 한다. 다재다능성(versatility)은 우리 안에 내재한 특성으로 인류의 공통 조상에게서도 그 성향을 찾을 수 있다. 음악, 영화, 스포츠 분야에서 자주 언급되지만 원래는 삶의 모든 영역에서 드러나는 자질이다. 팀 페리스는 수없이 많은 활동 중에 언제 휴식을 취하느냐는 질문을 받자 이렇게 답했다. "저는 다른 일로 집중력을 전환할 때 가장 회복력이 좋습니다. 그래서 아무것도 하지 않고 쉬기보다는 여태껏 하던 일과 무관한 일에 집중합니다." 다재다능한 사람은 멀티태스킹 작업으로 최적의 각성 상태를 유지할 수 있고 그만큼 성취도가 높다. 앎과 존재 사이에서 인식의 변화를 경험하는 것이다. 우리 뇌가 새로운 것을 경험할 때, 자주 사용되는 시냅스는 강화되는 반면 사용되지 않는 시냅스는 약화된다.

5. 서로 무관해 보이는 영역들을 연결해 창의적 결과물을 도출해 보자

미하이 칙센트미하이는 "창의적인 사람과 보통 사람을 구분 짓는 한 단어가 있다면 그것은 '복합성'이다. 그들의 정체는 하나가 아니라 다수다"라고 했다. 다재다능성과 창의성 간의 상관관계를 인정하는 추세이다. 미국의 심리학자 로버트 루트번스타인(Robert Root-Bernstein)에 따르면 "혁신적인 사람이 보통 사람에 비해 훨씬 폭넓게 활동하고 보다 다양한 기술을 배양하는 경향이 있다." 인지 심리학자 랜드 스피로에 따르면 "창의성이란 외부의 관점에서 아이디어를 내고 유추하고 패턴을 파악하는 과정이다." 우리는 좌뇌와 우뇌의 차이점을 주목해야 한다. 창의성은 우뇌의 앞부분 상위측두이랑에서 담당한다고 여긴다. 창의성을 발휘하는 순간 좌반구는 거의 반응하지 않지만 우반구는 감마파가 크게 증가하며 활발한 반응을 보인다. 좌반구의 뇌세포들은 수상돌기가 짧아서 근접하는 곳에서 정보를 끌어오는 데 유리하고, 우반구의 세포들은 훨씬 멀리 가지를 뻗치고 있어 서로 무관해 보이는 동떨어진 아이디어들을 연결한다.

6. 다양한 지식의 갈래들을 통합해 전체를 그려보자

허블 우주 망원경으로 유명한 에드윈 허블(Edwin Powell Hubble)은 지식을 세분화해서 인식하는 것은 인위적인 절차에 불과하고 실상은 하나로 통합된 전체라고 판단했다. "오감을 갖춘 인간은 자신을 둘러싼 우주를 탐구하고, 이런 모험을 일컬어 과학이라 칭한다"고

허블은 말했다. 특정한 대상이나 현상을 제대로 이해하려면 대상이나 현상을 둘러싸고 있는 큰 그림 안에서 의미를 파악해야 한다. 맥락적 사고는 폴리매스의 중요한 특징이다. 생존한다는 것은 이해한다는 것이고, 제대로 이해하려면 맥락을 고려해 해당 주제나 상황을 종합적으로 평가해야 한다는 사실을 폴리매스들은 잘 알고 있다. 정도의 차이는 있지만 세부적으로 어느 하나를 깊이 파고드는 성향과 두루두루 폭넓게 관심을 보이는 성향은 우리 모두에게 있다. 뛰어난 폴리매스는 보편성과 특수성을 이분하지 않고 상호보완적인 개념으로 받아들인다. 진리의 탐구는 두 단계에 걸쳐 이루어지는데, 먼저 '다양한 분야에 몰입'할 필요가 있고 이어서 '각 점들을 연결해' 전체 그림을 이해할 필요가 있다. 지식은 전문적으로 나눠진 것이 아닌 통합된 것임을 기억하자.

참고문헌

· 김유진, 〈구글 전 CEO 에릭 슈미트 재단(슈미트 퓨처스), '폴리매스상' 신설하여 250만 달러(한화 30억 원) 지급〉, 톱뉴스, 2020. 11. 20.

· 김대훈, 〈은행은 '디지털+금융' 지식 갖춘 융합형 인재 선호〉, 한국경제, 2020. 06. 03.

· 이종화, 〈김무환 포스텍 총장 "문 · 이과 융합교육…다방면 지식 갖춘 폴리매스형 리더 키울 것"〉, 매일경제, 2020. 12. 08.

· 최영준, 〈연결지성으로 문제 해결하는 폴리매스형 인재에 주목하라〉, 동아사이언스, 2019. 08. 03.

· 와카스 아메드, 《폴리매스》, 안드로메디안, 2020. 9. 30.

· 데이비드 엡스타인, 《늦깎이 천재들의 비밀》, 열린책들, 2020.

커리어 모자이크

•

경력 사다리를 버리고 자유로워지다

우리의 경력은 사다리를 오르는 것보다는 모자이크처럼 보일 것이다.
– 엘라티아 아바테

커리어 모자이크

이제 경력 사다리를 버리고 모자이크를 쌓아야 할 때다

코로나19 이후 커리어 패러다임이 완전히 달라졌다. 예전에는 줄을 잘 서면 '경력 사다리(Career Ladder)'를 잘 오를 수 있었다. 하지만 평생직업 시대에는 '커리어 모자이크(Career Mosaic)'를 쌓아야 한다. '커리어 모자이크'란 아무런 연관성이 없어 보이는 조각들을 맞추며 자신의 전 생애에 걸쳐 직업이나 경험들을 형성해 나가는 것을 말한다.

최근 한 여론조사 기관의 발표에 따르면 미국인들이 한 직장에서 평균적으로 머무는 기간은 3년 정도로 나타났다. 은퇴할 때까지 평균 7~8개 정도의 직장을 거치는 것이다. MZ세대들의 경우, 직장은 잠시 머무는 정류장 같은 곳이라고 생각하기 때문에 그들이 거쳐 가는 직장의 수는 더욱더 늘어날 전망이다. 이제 막 직장에 들어가 근무하기 시작한 사람들은 과거와는 전혀 다른 새로운 방식으로 자신의 커리어를 관리하지 않으면 안 된다.

무조건 사다리만 따라가면 자신의 무능이 드러난다

'피터의 원리(Peter Principle)'란 "관료적 위계 서열 조직인 계층 안에서는 모든 구성원들이 자신의 무능의 수준까지 승진한다"는 원칙이다. 즉, 관료제는 경력 중심으로 직원을 승진시키기 때문에 무능한 자가 능력 이상의 자리를 맡게 되어 비효율성을 초래하게 된다는 말이다. 피터의 원리는 1969년 로런스 피터(Laurance J. Peter)와 그의 동료 레이먼드 헐(Raymond Hull)이 《피터의 원리(The Peter Principle)》라는 책에서 발표했다.

예를 들어 현재 직급이 팀장이라는 것은 과장으로서의 능력이 최대한 인정되어 승진한 직급이며, 그는 팀장으로서는 가장 무능하지만, 과장으로서는 가장 유능한 사람이라는 것이다. 결국 피터의 원리는 관료제 조직 구성원들이 승진에 성공한 후 더 높은 수준까지 승진하다 더 이상 승진할 수 없는 무능의 수준에 이르게 된다는 것이다.

마이클 드라이버(Michael Driver)와 켄 브루소(Ken Brousseau)의 연구 조사에 의하면, 세상에는 매우 많은 커리어 진로가 있는 것으로 판명되었다. 어떤 진로를 택할 것인지는 각자의 일이나 결정을 내리는 방식에 따라 달라진다. 어떤 조직이 더 만족스럽고 어떤 작업 환경에서 더 생산성을 발휘할 수 있는지는 사람마다 다르기 때문이다.

경력 사다리를 올라가기 위해서는 먼저 맨 아래 주춧돌을 되돌아보는 과정이 꼭 필요하다. 과거를 돌이켜봄으로써 현재 자신에게 필요한 것이 무엇이며, 미래를 어떻게 살아가야 할지 깨달을 수

경력 사다리
Career Ladder

VS
커리어 모자이크
Career Mosaic

있다. 성공적인 커리어를 쌓는 첫 단계로 자신의 과거를 돌이켜볼 필요가 있다. '자기평가서(self-assessment)'에 자신의 과거 경력을 채워보면 좋다. '핵심자기평가(core self-evaluation)'는 자신을 객관화하는 첫 단추로 자신이 사랑받을 만한 가치가 있는 자기존중감(self-esteem), 어떤 상황에서 적절한 행동을 할 수 있다는 자기효능감(self-efficacy), 외부 환경을 통제할 수 있다고 지각하는 내재적 통제 위치(locus of control), 정서적인 안정(emotional stability) 등의 4가지 개인 특성들로 구성되어 있다. 4가지 특성은 자기 자신에 대한 근본적인 평가에 초점을 두고 있다. 자기평가 설문지를 작성하다 보면 어느새 자신의 지나온 삶을 파악하고, 자신의 삶에서 가장 중요한 것들과 원하는 삶의 조건들을 정리해 나갈 수 있다.

과거에는 한 직장에서 열심히 노력하면 해당 조직의 상위 직급으로 올라갈 수 있었다. 그러나 오늘날에는 자신의 커리어를 관리하는 다양한 방법들이 있으며, 여러 형태의 모델들이 존재한다. 커리어를 관리하는 대표적인 모델로 '경력 사다리'와 '커리어 모자이크'가 있다. '경력 사다리'란 한 직장에서 발휘할 수 있는 여러 가지 다양한 능력을 의미하며, 일시에 다양한 고객이나 여러 조직을 위해 일할 수 있다. '커리어 모자이크'란 전체 모양을 형성하기 위해 조각 하나하나를 붙여나가는 것처럼 자신의 최종 목표를 완성하기 위해 전 생애에 걸쳐 직업이나 경험들을 취합해 나가는 것을 말한다.

《좋은 기업을 넘어 위대한 기업으로》의 저자 짐 콜린스는 자신의 커리어를 예술적으로 관리한 사람으로 손꼽힌다. 그는 자신만의 '커리어 모자이크'를 만들기 위해 자신의 가치와 목적, 열정 그리고 재능을 결합해 나갔다. 그리고 자신의 비전 내에서 흥미를 느끼는 일에 자신의 모든 가치와 열정과 재능을 쏟아부었다. 짐 콜린스의 직업적 인생은 한편으로는 행운의 요소도 있었지만, 다른 한편으로는 자신이 의식적으로 커리어를 관리해 나가고자 하는 노력과 왕성한 지적 호기심에 의해 성취된 것이다. 더 이상 미친 듯이 빠르게 변화하는 세상을 두려워하지 말자. 미래를 준비해야 한다는 강박관념에 시달리고 있는 사람이라면 사다리를 걷어차고, 커리어 모자이크를 맞춰보자. 앙코르 인생이 기다리고 있을 것이다.

"경력은 죽었다(The career is deed)." 이것은 미국 보스턴 대학교 더글러스 홀(Douglas John Hall) 교수가 한 직장에 머물며 평생 고용과 직업 안정성을 보장받던 전통적인 경력의 시대가 가고 자신의 경력을 스스로 선택하고 책임져야 하는 새로운 시대가 도래했음을 선언한 함축적 메시지다. '프로틴 경력(protean career)'과 '무경계 경력(boundary-less Career)'은 달라진 경력 패러다임을 설명하는 대표적인 개념이다.

'프로틴 경력'은 그리스 신화에서 자유롭게 변신이 가능한 바다의 신 '프로테우스(Proteus)'에서 비롯된 것으로, "급변하는 환경에서 자유롭게 변화하고 적응할 수 있는 능력"을 의미한다. '무경계 경력'은 "한 조직이나 한 명의 고용주에게 얽매이지 않고 조직의 경계를 넘나들며 자유롭게 선택하고 책임지는 독립적인 경력"을 뜻한다.

고용주 한 사람에게 귀속되지 못하고 자신의 정체성을 확인하기 위해 끊임없이 자신의 커리어를 변화시키는 사람을 '프로틴(protean)'이라고 부른다. '프로틴'은 매우 강한 '자기 정체성'을 가지고 있기 때문에 자신이 몸담고 있는 조직에 도움이 되든 안 되든 자신에게 필요하다고 생각되는 커리어나 경험들을 개발하고 발전시켜 나간다. 특히 프로틴은 이동 성향이 매우 높고, 자신이 몸담고 있는 조직의 내부와 외부에서 기회를 찾기 위해 부단히 노력한다. 특정한 조직에 의존하지 않고, 스스로 자신이 설정한 궤도를 따라 자신의 커리어를 관리해 나가는 것이다.

커리어 모자이크 - 세계 동향

나만의 커리어를 조각하라

이제 하나의 업무나 직업만으로 성공하기 어려운 시대가 되었다. 한 치 앞을 내다볼 수 없는 고용시장에서 많은 이들이 경력 전환을 위해 새로운 도전을 하고 있다. 당신이 자신의 회사에서 다른 부서로 이동하거나 완전히 다른 분야에서 처음부터 다시 하든 새로운 여정에 놓여 있다. 최고정보책임자(CIO)도 오로지 기술적 전문성만으로 성공적인 커리어를 쌓을 수 있었던 시대는 지났다. 딜로이트 컨설팅(Deloitte Consulting)의 사장 밥 허쉬는 "기술 전문가가 되는 것만으로는 충분하지 않다"고 강조했다. 자그마한 실패 경험조차 훗날 한 폭의 큰 걸작이 되며 인생에서는 단 한 조각도 쓸모가 있다. 자신을 깊게 들여다보고 인생을 좀 더 멀리 보는 조망력을 갖추면 큰 그림을 그릴 수 있다.

우연히 시작한 일로 좋은 사람을 만나고 인생의 기회를 찾는 경우도 많다. 회사 내에서 직무를 바꿀 기회도 생긴다. '잡로테이션(Job Rotation)'이란 직무 전환에 의해 조직의 유연성을 높이기 위한 방법으로, 직원의 직무 영역을 변경해 다방면의 경험, 지식 등을 쌓는 인재 양성 제도다. 이러한 직무 순환은 직무 유형별로 경력 관리 계획에 따라 체계적으로 시행해야 하며, 직무 간 이동은 1~2년, 직종별 또는 부서 간 이동은 3년을 기준으로 실시함으로써 조직을 활성화하고 사원의 능력을 향상해야 한다. 기업에 갓 입사한 신입사원들은 한 직무만이 아니라 다양한 직무를 체험하게 된다.

커리어의 80%는 뜻밖의 우연으로 결정된다

존 크럼볼츠(John D. Krumboltz) 교수는 수많은 비즈니스맨들의 진로를 조사한 결과 계획에 따라 성공한 사람은 평균 20%에 불과하고 80%는 우연히 만난 사람이나 예기치 않은 일을 통해 기회를 얻어 성공했다는 사실이 밝혀졌다.

그는 우연히 고등학교 때 친구와 함께 테니스를 쳤는데, 대학교에 가서도 각자 학교의 테니스 팀에 들어갔다. 종종 다른 대학으로 원정 경기를 가곤 했는데, 코치와 테니스를 치고 저녁 식사로 맛있는 스테이크를 먹은 후 늦게까지 이야기하면서 호감을 가지게 되었다. 대학 2학년이 끝나갈 무렵 전공을 결정해 교무과에 알리지 않으면 다음 학기 등록이 불가능하다는 이야기를 들었다. 그때까지 그는 전공을 결정하지 못하고 있었다. 그때 테니스 코치에게 여쭤보았다. "제가 어떤 전공을 택하면 좋을까요?" "나는 심리학을 권하고 싶네." 나중에 알고 보니 그는 테니스 코치를 겸하는 심리학과 교수였다. 전공을 선택하는 여정을 살펴보면 '계획된 우연'이라고 말한다. 쓸데없는 경험은 없다. 인생의 모든 사건에는 의미가 있다는 것이다.

크럼볼츠 교수는 이것을 '계획된 우연'이라고 칭했다. 삶에서 만나 우연한 사건들이 긍정적인 효과를 가져와서 그 사람의 진로와 연결된다는 뜻이다. 계획된 우연은 개인이 스스로 우연한 기회를 만들고, 이 기회를 잡아야 한다는 능동적인 개념이다. 계획된 우연의 강력한 구성 요소는 우연을 만들고 잠재적 기회를 포착하도록 개인의 행동을 촉진하는 것이다. 개인은 상담을 통해 행동하는 방법을 배울 필요가 있다. 적성에 맞는 직업 선택은 자기 한계 안에서 이루어지는 일이지만, 우연한 만남은 무한한 가능성을 내포하고 있기 때문이다.

계획된 우연 이론은 '탐색(exploration)'과 '기술(skills)' 2가지 개념을 포함하고 있다. 탐색은 삶의 질을 향상하는 우연한 기회를 만들어내고, 기술은 사람들이 기회를 잡을 수 있도록 한다. 개인의 삶에서 발생하는 우연한 일들을 기회로 전환하는 요인은 호기심, 인내심, 유연성, 낙관성, 위험 감수, 5가지다. 이러한 태도가 있을 때 행운을 붙잡을 수 있고 불운이 왔을 때 극복할 확률이 높다.

1. 호기심(curiosity)은 단순히 어떤 지식에 대한 궁금증을 넘어 행동하도록 동기와 열정을 부여하고 타인을 이해하는 배려의 밑거름이 된다. 자기 욕구에 관심을 가지고 이를 타인과의 관계 안에서 건강한 방식으로 충족해 함께하는 보람을 추구한다.

2. 인내심(persistence)은 불만족스러운 상황에서 순간적인 욕구를

뒤로 미루고, 더 큰 목표나 결과를 바라보며 하던 일을 묵묵히 해나가는 것이다. 기존에 하던 일에 집중할 수 있는 능력은 삶의 곳곳에 중대한 영향을 미친다.

3. 유연성(flexibility)은 상황에 따라 유연하게 자기 태도와 행동을 바꿀 수 있는 능력이다. 스트레스 상황이나 낯선 환경에서 자신이 해왔던 것과 다른 방식으로 행동하고 도전할 수 있는 힘은 이 유연성에서 나온다.

4. 낙관성(optimism)은 곧 긍정적 태도다. 삶의 모든 경험은 긍정적 측면과 부정적인 측면이 공존할 수밖에 없다. 낙관적인 사람은 긍정적인 측면에 더 큰 의미를 부여하며, 더 나은 미래를 기대한다. 자그마한 실패 경험조차 훗날 회복 탄력성으로 작용할지 모른다.

5. 위험 감수(risk taking)는 타고난 사람의 기질에 영향을 많이 받는 특성 중 하나다. 결과를 100% 확신할 수 없는 위험한 상황에서 실패를 감수하고 도전할 것인지 아니면 안정적인 길을 선택할 것인지 판단하게 되는데, 이는 선천적인 자극 추구 성향과도 관련이 높다.

모든 사람의 삶에는 계획되지 않은 사건이 발생하고 이 우연한 사건은 진로 선택과 결정에 중요한 영향을 미친다. 인생은 구체적인 계획대로 돌아가지 않지만 목적지는 명확히 정할 필요가 있다.

커리어 모자이크 - 국내 동향

미래를 바꾸는 커리어 모자이크를 맞춰라!

비대면 시대에 '사람을 뽑는 사람'과 '뽑히는 사람'의 간극이 점점 커지고 있다. 최근 채용시장은 '빈익빈 부익부' 현상이 심화되고 있다. 코로나19 이후에도 잘되는 회사는 인재를 뽑기 바쁘다. 국내 기업들도 이제 외국 기업처럼 끊임없이 역량을 갈고닦을 수 있는 기회를 제공한다.

삼성전자는 직원들이 부서장과 함께 개인 성장의 경로를 설계하고, 다양한 경력 프로그램을 활용해 성장을 지원하는 'STaR 세션(Samsung Talent Review Session)' 제도가 있다. 직원들은 경력 개발 단계에 맞춰 MBA, 학술 연수, 지역 전문가, 인공지능 전문가와 같은 다양한 양성 프로그램을 신청할 수 있다. 삼성전자는 '잡포스팅(Job Posting)' 제도를 두고 직원들에게 직무 전환 기회와 함께 경력 개발을 지원하고 있다. 잡포스팅은 사내 시스템을 활용해 수시로 실시된다. 지난 3년 동안 2,100여 명이 희망하는 직무로 전환해, 조직과 개인 모두 원원하는 효과를 거두었다.

KT도 사내 AI 교육 프로그램 '미래 인재 육성 프로젝트'를 통해,

'인재 리모델링'에 나섰다. 비개발자를 개발자로 전환하는 실무 기반 AI · 클라우드 교육 프로그램으로 나이, 직급, 전공, 현업 분야 등 선발에 제한이 없다. 약 6개월 교육 기간 동안에는 기존 업무에서 빠지고 전일 공부에만 집중하도록 지원한다. KT에서 고객서비스 (CS) 운영을 담당했던 50대 직원은 이제 AI 개발자로 변신했다. 1기 64명, 2기 76명, 3기는 200여 명에 달하며, 이들 모두 직무를 바꿨다. AI 교육은 "스스로에 대한 미래 투자"이기도 해 학습 동기가 높고, "기존 사업 방향과 서비스 등을 알고 있어 비정형 데이터 분석에 시너지 효과가 난다"고 한다. 1기 교육생 중 한 명은 지난해 구글의 AI 경진 대회 플랫폼인 캐글에서 마스터 등급을 받고 세계 랭킹 290위에 올랐다.

이렇게 AI 교육 프로그램을 하는 이유는 AI 개발자의 몸값이 천정부지로 솟고 있기 때문이다. IT 분야의 좋은 인재는 "'네카라쿠배당토'(네이버 · 카카오 · 라인 · 쿠팡 · 배달의민족 · 당근마켓 · 토스)가 싹쓸이했다"는 말도 생겼다. 개발자들의 몸값이 많이 올라 있는 상황이다.

자기한테 맞는 직무를 찾고, 그에 맞는 인사 이동이 이뤄진다면 직원들에게 동기부여가 될 수 있다. 예를 들면 영업 부서에서 마케팅 부서, 기술 부서에서 영업 부서로 갈 수 있다. 우연한 일이 하나의 주춧돌이 되고 예상치 못한 징검다리가 되는 경우가 많다. 경력 전환에 다른 사람들을 참여시키는 가장 중요한 단계는 '흥미로운 내러티브(compelling narrative)'를 만드는 것이다. 이것은 종종 전문적인 코치들이 간과하는 도구이지만, 미래에 대한 전문적인 목표와 비전에 대한 다른 사람들의 지지를 얻는 데 중요한 요인이 될 수 있다. 사람들은 일반적으로 내러티브 연속성을 선호하기 때문에 전문적인 경험을 연결한다. 이야기는 현재와의 단절이 아니라 과거와의 맥락적 연결이 될 때 더 의미가 있다. 다른 사람에게 제공하는 가치 측면에서 스스로 자신의 궤적을 설명하는 것이 중요하다. 내러티브 관점의 전환을 통해서 성장의 욕구보다 자유로움을 추구하는 '커리어 모자이크' 트렌드가 더욱더 확산될 전망이다.

바쁜 일상에서도 자신을 돌아보고 삶을 통찰할 수 있는 나만의 모자이크 조각을 만드는 지혜가 필요하다. 하루가 멀다 하고 바뀌는 세상을 살다 보면 삶을 조망해 보는 것을 잊게 마련이다. 이때 자신의 업무가 아니라 다른 업무를 하면서 경험의 조각이 맞춰질 수 있는 것이다.

커리어 모자이크를 맞출 때 주의해야 할 점

직업 만족도를 좌우하는 요소는 사람마다 다르다. 한 가지 분야에만 몰두하는 사람이 있는 한편 동시에 여러 가지 직업을 가지거나 직업을 계속 바꿔가면서 다양한 분야를 두루 경험하고 싶어 하는 사람도 있다. 직업이 다양하면 경력에 일관성과 방향성이 없는 것처럼 보일 수도 있다.

1. 불황일 때는 '해고 리스크'를 줄이면서 견뎌라

불황일 때는 우선 회사에서 해고되거나 퇴사하면 안 된다. '해고 리스크'란 근로자 귀책 사유나 일신상 사유와 관계없이 단지 기업의 사정으로 해고되는 것이다. 직장에 계속 머물면서 리스크를 분산시킬 방법을 찾아야 한다. 직장 내에서 내 편을 만들어야 한다.

2. 조직에서 '대체 불가한 인력'으로 살아남아라

조직에서 대체 불가한 인력은 다른 팀원이 그의 퍼포먼스를 따라가느라 업무의 중압감에 시달리게 된다. 직장을 잃는 데는 부족한 약점 한 가지만 있어도 가능하고, 직장에서 살아남는 전략도 강점 기술 한 가지면 된다. 자신을 필수불가결한 존재로 만드는 한 가지 강점을 찾아라.

3. 아무리 강철검이라도 갈고 닦지 않으면 녹이 슨다

아무것도 하지 않으면 아무 일도 일어나지 않는다. 강철검도 갈고닦지 않으면 녹이 슨다. 다이아몬드가 귀한 것도 갈고닦는 혹독한 시련을 거쳐 찬란한 빛을 발하기 때문이다. 학교를 졸업했다고 절대로 배움이 끝났다고 생각하지 마라. 배움이란 평생 계속되는 것이다. 요즘은 간단히 구글 검색만 해도 오픈소스로 공개된 무료 학습 자료가 무수히 쏟아진다. 심도 있는 훈련은 어렵지만, 유튜브만 잘 봐도 웬만한 상식은 얻을 수 있다. 끊임없이 배움으로 녹을

닦아내라.

4. 거절당했다고 포기하지 말고 다른 방법을 활용하라

막무가내로 달려드는 사람은 때로 타인에게 귀찮은 존재이거나 스토커로 느껴질 수 있다. 거절당했다고 위축되지 마라. 다시 일어나 실패한 이유를 생각하고 도전하라. 단기적 성과보다 장기적 과정을 통해서 커다란 결실을 맺을 수 있다. 거창한 일을 계획하기보다 실천 가능한 작은 단계부터 적어보라. 내 행동이 자신뿐만 아니라 주변 사람에게 어떤 긍정적인 영향을 미칠지 생각해보라.

5. 움츠리지 말고 불황에 강한 업종으로 피보팅을 하라

불황에 강한 업종은 다른 업계들이 피해를 볼 때도 거의 위축되지 않는다. 스타트업에서 피보팅에 성공한 케이스가 많다. 마찬가지로 커리어에서도 피보팅이 필요하다. '커리어 피보팅(career pivoting)'이란 시장의 요구와 상황에 맞게 자신의 커리어 방향을 전환하는 것을 말한다. 피봇(pivot)은 '물건의 중심을 잡아주는 축'이라는 뜻이다. 주로 농구에서 한쪽 다리를 땅에 붙여 축으로 고정하고 다른 쪽 다리를 여러 방향으로 회전하며 다음 움직임을 준비하는 동작을 의미한다. 시도한 후 실패했다고 해도 아무것도 하지 않았을 때보다 더 나빠진 것은 없다. 실패했다면 움츠리지 말고 다시 어떻게 만회할 수 있을까를 고민한다. 작은 성과를 이뤄낼 때마다 스스로를 칭찬하라.

참고문헌

· 선한결, 〈54세 고객담당 직원이 AI개발자 변신…KT '인재 리모델링' 나섰다〉, 한국
경제, 2021. 08. 18.

· John Edwards, 〈CIO의 결정적 '한끗'… 커리어 2막 여는 비즈니스 역량 7가지〉,
CIO korea, 2021. 04. 15.

· 이소연, 〈헤드헌터 4人 "직무 단절은 곧 경력 단절, 커리어 연속성 지켜라"〉, 이코노
미조선, 2020. 10. 25.

· 제이슨 솅커, 《코로나 이후 불황을 이기는 커리어 전략》, 미디어숲, 2020.

· 카렌 도우드 · 세리 공 다구치, 《나만의 커리어를 디자인하라》, 시아출판사, 2004.

· 카트야 로트, 《모자이크 법칙》, 엘도라도, 2008.

ESG경영

•

환경, 사회, 지배구조 등
비재무적 요소가 부각된다

환경의 영향을 결정하는 것은 환경에 대한 우리의 관계이다. 항구에
배를 실어다준 똑같은 바람이 다른 배는 해안 멀리 보낼 수도 있다.
- 크리스천 네스텔 보비

JOB TREND

01

착한 기업이 아니라 돈줄을 쥐는 ESG경영 시대

"요즘 ESG가 대세인데, 우리 조직에도 도입해야 하나?"

조 바이든 미국 대통령의 취임 후 ESG경영이 가속화되고 있다. 바이든 대통령은 핵심 공략으로 기후변화, 사회정의, 평등, 다양성, 인권, 기업투명성, 기업책임 등 ESG 이념에 부합하는 정책을 제시하며 당선되었다. 이를 입증하듯 그는 트럼프 전 대통령이 탈퇴했던 파리기후변화협약에 재가입했다. 미국 공인재무분석사(CFA) 협회는 '지속 가능한 투자 관리의 미래'라는 보고서에서 "2,800여 명 회원을 대상으로 조사한 결과 ESG 투자를 고려하고 있다는 대답이 전체의 85%를 차지했다"고 밝혔다. 이는 2017년 73%에 비해 약 12%p 상승한 것으로, 시장에서는 ESG 투자가 이미 주류로 자리 잡았으며 시장 확대가 더욱 가속화할 것으로 보인다. 바이든 대통령의 당선이 ESG경영에 기름을 끼얹은 역할을 한 것이다. 글로벌 화두는 단연 ESG 트렌드가 독보적이다.

그렇다면 ESG란 무엇인가? 기존 전통적 경영 방식이 재무적 성과 중심이었다면, 기업의 규모가 커질수록 이해관계자들로부터 요

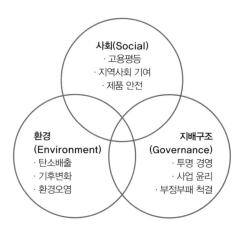

구되는 기대 수준과 기업의 지속 가능성이 중요시되면서 ESG가 부각되고 있다. ESG는 환경(Environment)·사회(Social)·지배구조 (Governance)의 약자로, 기업의 비재무적 성과를 측정하는 지표다. '환경'은 탄소배출, 기후변화, 환경오염 등으로 구성돼 있으며, '사회' 부문은 사회책임 경영, 사회공헌, 근로자·협력사·소비자·지역사회 관계가 포함되고, '지배구조'는 투명경영, 사업윤리, 부정부패 등이 속한다.

ESG경영의 핵심은 단순히 '착한 기업'이 되는 것이 아니다. 기업이 가진 위험 요소를 줄이고 지속 가능성을 발견하기 위한 냉철한 '생존 전략'이다. 경영진의 갑질, 채용 비리, 면접관 리스크 등으로 사회적 물의를 일으켜 악덕 기업으로 낙인 찍히면 매출이 감소하고 투자가들의 요구로 경영진 교체 등 기업 경영에 문제가 생긴다. 반대로 ESG경영을 잘하면 투자가들로부터 돈줄을 쥐게 된다.

이제 ESG경영은 선택이 아니라 필수이다!

코로나19는 ESG경영에 대한 폭넓은 관심과 지지를 끌어냈다. 장기적인 관점에서 지속 가능한 기업을 만들어야 한다는 것을 깨달은 것이다. 따라서 세계적인 기업에 투자할 때 재무적 요소 외에 ESG와 같은 비재무적 요소들도 중요하게 작용한다. SK그룹, LG그룹, 하나금융그룹 등 대기업들은 ESG 관련 조직을 신설하기도 했고, 관련 분야의 임원급을 영입하는 등 ESG경영을 강화하고 있다. 환경 및 사회와 함께 성장하고 더불어 행복을 나누는 ESG경영에 새로운 방향을 제시하는 마중물이 될 전망이다.

사회적 책임과 이익 추구를 동시에 고민하는 것은 더 이상 유토피아적인 이념이 아니다. ESG경영을 하지 않는 기업은 투자자는 물론 소비자도 외면하고 점차 은행에서 돈을 빌리기 어려워질 전망이다. 최근 유럽과 미국을 중심으로 기업의 사회적 책임을 강조하는 ESG경영에 대한 투자 규모가 커지고 일부 국가에서는 관련 정보 공시가 의무화되고 있다. 탄소배출을 적게 하고 산업재해를 줄이고 사회공헌을 많이 하고 주주들에게 충분한 배당을 하지 않으면 지속 경영이 어려워진다. 리더의 자기인식, 내재화된 윤리적 관점, 균형화된 정보처리 과정, 관계적 투명성이 중요해지는 상황에서 최고경영자(CEO)가 진정성을 보여주지 않으면 ESG 리스크를 떨쳐내기 어렵다. 진성 리더십(authentic leadership)과 ESG경영은 별개가 아니다. ESG경영에서는 진성 리더십이 필요하다. 기업이 단순히 이윤 추구에만 몰두하는 것이 아니라 직원과 소비자, 지역사회와 함께 환경, 감염병 등 인류의 문제까지 고려해 경영 활동을 해야 한다.

ESG는 CSR과 다르다

ESG는 단순한 봉사활동이 아니다. CSR팀이 ESG팀으로 간판만 바꾼 회사도 많다. ESG와 관련된 개념으로 CSR, 지속 가능 경영, SRI 등이 있다. 원래 'CSR(Corporate Social Responsibility)'이란 '기업의 사회적 책임'으로 기업 활동에 영향을 주는 직간접적 이해관계자에 대해 법적, 경제적, 윤리적 책임을 감당하는 경영을 말한다. '지속 가능 경영(CSM, Corporate Sustainability Management)'이란 기업의 모든 경영 활동 과정을 경제적 수익성, 환경적 건전성, 사회적 책임성, 문화적 생태계를 바탕으로 통합 추진해 지속적인 성장을 꾀하는 경영 활동을 의미한다.

세계적인 기업은 사회적 가치를 전면에 내세우기 시작했다. CSR과 지속 가능 경영은 기업과 그 외 조직의 사회적 호혜성으로 사용된다. 'SRI(Social Responsible Investment)'란 기업의 재무적 성과뿐 아니라 인권 · 환경 · 노동 · 지역 · 사회 · 공헌도 등 다양한 사회적 성과를 잣대로 기업에 투자하는 금융 활동을 말한다. SRI는 장기적인 재무적 가치에 영향을 미칠 수 있는 비재무적 요인에 초점을 맞추고 있다. 사회공헌 활동을 넘어 ESG 요소를 기업의 기회 포착과 리스크 관리 차원으로 활용하는 것이 중요하다. 이러한 ESG 트렌드는 기업 구성원의 세대 교체와 맞물리며 HR 분야에 새로운 화두를 던지고 있다.

ESG경영과 채용 변화 - 세계 동향

세계적 기업들은 이미 ESG로 재편되었다

"환경 위험 노출 기업의 투자에서 발 빼겠습니다!"

세계 최대 자산운용사 블랙록(BlackRock)의 래리 핑크 회장은 투자기업의 CEO들에게 보내는 연례 서한에서 "석탄 생산 기업을 포함해 환경 지속 가능성과 관련해 '높은 위험'이 있는 기업에 대한 투자에서 발을 뺄 것"이라며, "자사의 비즈니스 모델이 '넷제로(Net-zero)' 경제와 어떻게 호환될지에 관한 계획을 공개하고, 2050년 '넷제로' 달성 목표를 기업의 장기 전략에 어떻게 통합할지를 이사회에서 검토하는지 공개해달라"고 밝혔다.

'넷제로'는 기후변화를 초래하는 온실가스의 배출과 흡수가 균형에 이르는 상태를 의미한다. 또한 래리 핑크 회장은 인재 채용 전략과 다양성 등을 중시하며 '이해관계자와의 연결성'을 강조했다. 그는 "인종적 정의, 경제적 불평등, 지역사회 공헌 등은 종종 ESG 중에 S(Social)로 분류되지만, ESG 범주들을 명확히 구분하는 것은 잘못이다. 기후변화는 이미 전 세계 저소득 지역사회에 불균등하게 영향을 미치고 있는데, 이는 E(Environment)인가 S(Social)인가"라고

ESG 고려 요소

환경(Environment) 이슈	사회(Social) 이슈	지배구조(Governance) 이슈
기후변화 및 탄소배출	고객만족	이사회 구성
대기 및 수질오염	데이터 보호 및 프라이버시	감사위원회 구조
생물의 다양성	성별 및 다양성	뇌물 및 부패
삼림벌채	직원 참여	임원보상
에너지 효율	지역사회 관계	로비
폐기물 관리	인권	정치 기부금
물 부족	노동기준	내부 고발자 제도

출처 : 한국금융투자협회 보고서

반문했다. 결국 환경 문제와 사회문제는 깊은 상호 의존성을 지니고 있다는 것이다.

마지막으로 "수많은 기업들이 투명성 강화, 이해관계자들에 대한 더 큰 책임감, 기후변화에 대한 준비 요구를 어떻게 수용하는지, 이러한 도전을 심각하게 받아들이는지 지켜봐 왔다. 비즈니스 리더와 이사회는 포용적 자본주의를 건설하기 위해 더 빨리 움직여야 한다"고 서한을 마무리했다. 2020년 서한에서는 "투자 결정 시 지속 가능성을 기준으로 포트폴리오 70%를 ESG를 따져 투자하겠다. 2020년 말 100%까지 확대 적용하겠다"고 선언했다. 블랙록의 자산운용 규모는 2020년 12월 31일 기준 미화 8조 6,800억 달러(약 9,534조 원)이다. 이에 많은 투자사들도 블랙록의 투자 잣대를 연구하기 시작했다. 투자시장도 이에 호응하는 모습으로 투자 의사 결정

과정에서 ESG 리스크 요인을 반영하겠다는 의지를 내보이며, 그 투자 규모가 매년 증가 추세에 있다. 가장 큰 변화는 기업의 자율적 ESG 활동을 권고하던 단계에서 더 나아가 최근에는 ESG 이슈 대응을 위한 글로벌 플랫폼이 등장했으며, ESG 성과 관리를 규제하기 위한 국가별 법안도 만들어지고 있는 것이다. 그중 정보 공개에 대한 제도화가 가장 빠르게 진행되고 있으며, 영국, 프랑스, 독일 등은 일정 규모 이상의 사업장을 보유한 기업의 ESG 정보공개를 의무화하고 있다.

"제발 우리 옷을 사지 말라."

대표적인 사례가 아웃도어 브랜드 '파타고니아(Patagonia)'다. 파타고니아는 매년 '지구에 내는 세금'이라며 전체 매출의 1%를 환경단체에 기부하고 있다. 또한 친환경 목화를 재배하기 위해 직접 농사를 짓고, 아무리 친환경 제품이라도 가급적 소비하지 않는 것이 환경에는 더 도움이 된다고 광고하기도 한다. 이런 파타고니아의 ESG경영은 소비 속에서도 사회적 의미를 추구하는 MZ세대의 마음을 사로잡았고, 미국의 아웃도어 의류시장 점유율 2위에 올랐다. 오히려 자신의 제품을 사지 말라는 기업의 진심을 MZ세대가 알아본 것이다.

'네슬레(Nestle)'는 베트남 농촌의 가뭄 문제와 이로 인한 커피 농가들의 어려움을 해소하기 위해 '프로젝트 네스카페 플랜(Nescafe Plan)'을 추진했다. 2만 명에 달하는 현지 농부 네트워크를 구축하고 NGO 단체를 통해 농법 교육을 지원하는 한편, 가뭄에 대비할 수 있는 대책까지 마련해 준 것이다. 그 결과 네슬레는 안정적으로 원두를 공급받을 수 있었으며 베트남 커피 농가의 수입은 30%나 늘었고 베트남의 수자원도 40%가량 아끼는 1석 3조의 효과를 얻었다.

　"당신들은 빈말로 내 어린 시절과 내 꿈을 앗아갔어요."

　2019년 유엔본부 기후행동 정상회의에서 16세의 스웨덴 출신 청소년 환경운동가 그레타 툰베리의 한마디는 단연코 가장 큰 이슈였다. 각국 정상과 정부 대표를 향해 "생태계 전체가 무너지고, 대규모 멸종의 시작을 앞두고 있는데 당신들은 돈과 영원한 경제 성장이라는 꾸며낸 이야기만 늘어놓는다. 어떻게 그럴 수 있느냐!"고 목소리를 높였다. 툰베리는 15세였던 2018년 9월부터 금요일마다 지구 환경 파괴에 침묵하고 기후변화 대응에 적극적이지 않은 어른들에게 반항하는 의미에서 등교를 거부했다. 이는 SNS를 통해 전 세계 청소년들 사이에서 큰 파장을 일으켜 이듬해 125개국 2,000여 개 도시에서 기후변화를 위한 적극적인 대응을 촉구하는 학생시위가 일어나는 계기가 됐다. 그리고 2020년 다보스포럼의 주요 문제로 기후변화를 거론할 만큼 쟁점화하는 데 기여했다. 기후변화는 비단 오늘날의 문제가 아니었다. 왜 전 세계 사람들이 한 소녀가 제기한 기후위기 문제에 뜨거운 관심을 보이는 것일까. '기후변화'가 아니라 '기후위기'로 인식의 변화가 생겼다. 사람들이 기후위기를 비롯한 ESG 쟁점에 관심을 두는 가장 큰 이유는 기업의 역할에 대한 가치관이 변했기 때문이다. 기업의 경제적 성과만을 기대하던 기존의

202

가치관에서 변화하여, 주요한 사회적 문제를 야기한 기업이 책임경영 활동을 통해 이를 해결할 의지가 강해졌다는 것을 간과하기 힘들어졌다.

ESG경영은 리스크 회피를 위한 수비적인 측면뿐만 아니라 이를 새로운 사업 기회로 활용하기 위한 전략적인 측면도 강조되고 있다. 지속 가능성에 대한 사회적 요청은 하나의 소양이 아니다. 기업이 멀리 볼 줄 아는 경영 전략을 평가하는 잣대가 되고 있다. 단순히 환경뿐만이 아니라 눈높이가 높아진 고객, 공정한 거래 관계를 요구하는 정부, 공생을 원하는 지역사회와 주주 등 다양한 이해관계자의 요구를 직면하고 있다. 최근 많은 연구를 통해 기업이 환경·사회적 책임을 이행할수록 이해관계자와 긍정적 관계를 형성하며 위험 상황에 노출되는 건수 또한 감소하였으며, 장기적으로 기업의 성과에 긍정적인 영향을 준다는 것이 증명되었다.

모건스탠리에 따르면 글로벌 자산 소유자의 80%가 이미 ESG를 투자 프로세스에 통합했다. ESG 의무 조항을 갖춘 펀드는 오는 2035년 세계 자산시장의 90%에 도달할 것이라는 전망도 나왔다. CNBC에 따르면 세계 ESG 펀드 규모는 2020년 하반기 들어 처음으로 1조 달러를 돌파했다. 유럽에서 ESG를 가장 중요한 투자 요소로 여기는 펀드들의 수가 몇천 개에 달한다.

빅테크 기업들도 앞다퉈 ESG경영을 수행 중이다. 특히 주요 IT 기업들은 '전기를 많이 사용하는 업계'라는 오명을 벗기 위해 환경 분야 사업에 적극적으로 나서고 있다. 마이크로소프트는 자신의 소프트웨어 역량을 다른 사업들과 융합하여 선한 영향력을 발휘하려고 한다. 이미 10억 달러의 '기후 혁신 펀드(Climate Innovation Fund)'를 조성해 향후 4년간 탄소 제거 기술 개발을 지원하고 있으며, 최근에는 '탄소 네거티브(Carbon Negative)'라는 개념도 나왔다. '탄소 중립(Carbon Neutral)'만으로는 충분치 않으니 배출량 이상으로 흡수량을 늘리자는 것이다. 이와 관련해 2030년부터 이산화탄소 흡수량을 배출량보다 더 늘린 후, 2050년까지 창사 이래 배출한 모든 이산화탄소를 회수하겠다는 야심 찬 목표도 내걸었다. 마이크로소프트는 2012년 실질적 이산화탄소 배출량 제로를 달성한 바 있는데, 여기서 한 발 더 나아가 적극적인 목표를 세운 것이다. MS는 최근 미국의 한 농업협동조합과 AI로 농업을 효율화하기 위한 협업을 시작했다.

아마존의 제프 베이조스는 주주 서한을 통해 친환경 기업으로 거듭나겠다는 강력한 의지를 표명했다. 아마존은 기후협약을 최초로 서명한 회사로, 파리기후협약을 10년 앞당긴 2040년까지 탄소 배출량을 0으로 만들겠다고 약속했다. 2022년까지 배송용 차량 1만 대를 전기차로 바꾸고, 2030년까지 총 10만 대를 업무에 투입하겠다는 계획을 밝혔다. 아울러 재생에너지 사용률을 2024년까지 80%, 2030년까지는 100% 달성하겠다는 목표를 제시하고, 포장재 낭비를 줄이기 위한 노력을 하겠다는 약속도 했다.

ESG에서 지배구조(G) 분야는 IT업계의 강점이자 약점이 되기도 하는 영역이다. 고성장 분야인 만큼 창업자의 영향력이 상대적으로 큰 경향이 있지만, 대내외 경영 트렌드가 변화되면서 이사회의 다양성 확보가 중요하다. 2018년 블랙록은 여성 이사가 2명 미만인

기업에는 투자하지 않겠다고 선언했으며, 2020년 1월 골드만삭스도 2021년 하반기부터 다양성을 충족하는 이사가 없는 기업에 대해서는 기업공개 업무를 맡기지 않겠다고 밝혔다. 또한 BLM(Back Live Matter, 흑인의 생명도 중요하다) 운동으로 다양성이 성별에서 인종 관점으로 확산됐다.

ESG경영 기조의 확산에 따라 여성 임원 비중이 중요한 지표로 부상하면서 유리천장을 뚫는 여성 고위 임원이 여럿 탄생했다. 시티그룹은 월스트리트에서 최초로 여성인 제인 프레이저(Jane Fraser)를 시티은행의 차기 CEO로 지명했고, MSNBC는 케이블 뉴스 업계에서 처음으로 흑인 여성 라시다 존스(Rashida Jones)를 차기 회장에 선임했다. 메이저리그에서도 첫 여성 단장이 탄생했다. 중국계 미국인 킴 응(Kimberly J. Ng)은 메이저리그 수석부사장으로 여성이자 아시아계로서는 처음으로 마이애미 말린스(Miami Marlins) 단장에 올랐다. 여성 임원의 중요성은 갈수록 중요해지는 추세다. ESG경영이 금융권 트렌드로 자리 잡으면서 여성 인력이 많을수록 S(사회)나 G(지배구조) 부문에서 고득점을 받을 수 있다. 평가 기관은 제각기 배점을 다르게 두지만 성평등 노력에 대한 점수를 매기고 있다. ESG경영 트렌드는 채용 분야에도 영향을 주고 있다.

ESG경영과 채용 변화 - 국내 동향

ESG경영 전성시대로 거세게 전환된다

최근 국내 경영계에서도 ESG는 새로운 흐름이다. 국제 신용평가사 무디스는 한국의 ESG 신용영향점수(CIS)를 최고등급인 1등급(긍정적)으로 평가했다. 한국은 세부 분야별 평가(IPS)에서 환경 2등급(중립적), 사회 2등급(중립적), 지배구조 1등급(긍정적)을 획득했다. 이번 평가는 세계 144개국을 대상으로 이뤄졌으며 한국을 포함해 독일, 스위스 등 11개국이 ESG 신용영향점수에서 최고등급인 1등급을 받았다.

재계 주요 그룹 총수들의 신년사를 관통하는 키워드는 단연 ESG다. 특히 최태원 SK그룹 회장, 구광모 LG그룹 회장, 구자열 LS그룹 회장, 허태수 GS그룹 회장, 김승연 한화그룹 회장은 ESG경영 강화를 연일 내세우고 있다. 최태원 SK그룹 회장은 전체 구성원들에게 보낸 이메일을 통해 "기후변화나 팬데믹 같은 대재난은 사회의 가장 약한 곳을 먼저 무너뜨린다"며 "사회와 공감하며 문제 해결을 위해 함께 노력하는 '새로운 기업가 정신'이 필요한 때라는 생각이 든다"고 밝혔다. 최태원 회장은 SK의 '행복도시락'을 언급하며

"당장 실행 가능한 부분부터 시작해 보자"고 제안했다.

구광모 LG그룹 회장은 신년사를 담은 디지털 영상 'LG 2021 새해 편지'를 통해 "LG가 나아갈 방향은 고객"이라고 강조했다. 그는 "코로나19로 어려운 상황에서도 흔들림 없이 최선을 다해 주신 여러분께 진심으로 감사하다는 말씀을 드린다"며 "사람들의 생활 방식이 더욱 개인화되고 소비 패턴도 훨씬 빠르게 변하면서 고객 안에 숨겨진 마음을 읽는 것이 더욱 중요해졌다"고 설명했다. 그러면서 초세분화를 통한 고객 이해와 공감, 고객 감동을 완성해 고객을 팬으로 만드는 일, 고객 감동을 향한 집요함 등의 가치를 강조했다.

한화그룹 김승연 회장은 미래 모빌리티, 항공우주, 그린 수소에너지, 디지털 금융 솔루션 등 산업을 거론하며 "혁신의 속도를 높여 K방산 · K에너지 · K금융과 같은 분야의 진정한 글로벌 리더로 나아가야 할 것"이라고 전했다.

전국경제인연합회가 발표한 '30대 그룹 ESG위원회 구성 · 운영 현황' 보고서에 따르면 삼성그룹과 현대자동차그룹, SK그룹, LG그룹을 포함한 16개 그룹 내 51개 기업이 ESG위원회를 설치했다.

카카오는 이사회 산하에 ESG위원회를 신설하고 기업지배구조 헌장을 제정했다. SK하이닉스는 친환경 사업에 투자하는 1조 원 규모의 그린본드(Green Bond) 발행에 성공하며 ESG경영에 속도를 붙이고 있다. 2018년 ECO Vision 2022(ECO, Environmental & Clean Operation)를 선언하고 친환경 생산 체계를 갖추기 위한 준비를 시작한 데 이어, 적극적인 탄소 배출량 감축 활동을 통해 지속 가능성에 중점을 둔 녹색 경영 모델을 선도적으로 구축해 가고 있다. 특히 환경 활동 분야의 주요 목표 중 하나는 2022년까지 2016년 온실가스배출전망(BAU, Business as Usual) 대비 40%의 온실가스를 감축하는 것이다. SK하이닉스는 이를 달성하기 위해 에너지 시스템 최적화를 통한 사용량 및 비용 절감, 기술 개발과 장비 개선을 통한 온실가스 배출량 감소, 탄소를 배출하지 않는 대체에너지 인프라 구축 등 3가지 전략을 추진하고 있다. 2019년에는 국내 기업 중 처음으로 국내외 모든 생산 거점에서 '폐기물 매립 제로(ZWTL, Zero Waste to Landfill) 인증'을 완료했다. 2020년 SK 관계사들과 함께 국내 기업 최초로 RE10014에 가입하고, 단계별 이행 로드맵에 따라 재생에너지 사용량을 늘리기 위한 노력도 경주하고 있다.

유한킴벌리는 ESG경영과 관련하여 '환경경영 3.0'을 발표했다. 이는 2020년 창립 50주년을 맞아 2030년까지 친환경 원료를 사용하는 비중을 기저귀와 생리대는 95%, 미용 티슈와 화장지는 100%까지 끌어올려 지구 환경 보호에 기여한다는 내용을 담고 있다. 유한킴벌리는 이미 1984년부터 '우리 강산 푸르게 푸르게' 캠페인을 통해 국내 국공유림에 5,400만 그루 이상의 나무를 심으면서 일찌감치 환경경영을 실천해 온 기업이다. 아름다운 숲 발굴, 숲속학교 조성, 탄소중립의 숲 조성, 접경지역 숲복원 프로젝트, 몽골 유한킴벌리숲 조성 등 ESG경영과 관련한 사업을 운영 중이다. 진재승 유한킴벌리 사장이 산업정책연구원이 주관하는 '서울ESG CEO 선언'에 참여하기도 했다. 아울러 매년 생리대 100만 패드 기부, 발달장애 10대 여성을 위한 '처음생리팬티' 제공, 이른둥이용 초소형 기저귀와 마스크 기부 등을 통해 사회와 함께 성장하기 위해 노력하고 있다.

이제 친환경 세탁 '그린 위싱'을 용인하지 않는다!

공기업인 한국전력은 ESG위원회를 열고 환경, 사회적 책임 등을 강화하기로 뜻을 모았다. 한국전력은 친환경 투자 선언을 하는 동시에 해외 소재 화력발전소 두 군데에 투자를 했다가 무늬만 친환경인 '그린 위싱' 논란에 휩싸이기도 했다. '그린 위싱(green washing)'이란 기업들이 실질적인 친환경 경영과는 거리가 있는데도 녹색경영을 표방하는 것처럼 홍보하는 것을 말한다. 실제로는 친환경적이지 않지만 마치 친환경적인 것처럼 홍보하는 '위장 환경주의'를 가리킨다. 예컨대 기업이 제품 생산 전 과정에서 발생하는 환경오염 문제는 축소하고 재활용 등의 일부 과정만을 부각해 마치 친환경인 것처럼 포장하는 것이다. 2010년에는 친환경 컨설팅회사인 테라초이스가 '그린워싱의 7가지 죄악'을 발표했는데, 그 내용은 다음 표와 같다.

한국전력은 투자기관들이 반발하면서 투자를 철회하겠다고 하자 결국 사업 전환 또는 중단을 선언했다. 아모레퍼시픽의 자회사인 이니스프리가 출시한 '페이퍼 보틀'이 플라스틱 병 외부에 종이를 감싼 말 그대로 무늬만 '종이 병'인 것으로 알려지면서 소비자들의 분노를 사기도 했다. 사실 가장 ESG에 적극적으로 대응하고 있는 대기업들이 국내 온실가스의 대부분을 만들어내고 있다는 사실도 아이러니다. 진짜 '그린 위싱'을 경계해야 하는 이유는 기업이 사람들을 속였다는 사실보다 사람들 사이에서 '친환경' 활동에 대

그린 워싱의 7가지 죄악

구분	내용	해당 사례
1.상충효과 감추기 (Hidden Trade-Off)	작은 속성에 기초하여 환경 친화적이라고 라벨링	제작환경이 환경에 미치는 영향을 고려하지 않는 재활용 종이
2.증거 불충분 (No Proof)	라벨 또는 제품 웹사이트에 용이하게 접근할 수 있는 증거를 제시하지 않고 환경적이라고 주장	뒷받침 정보나 제3자 인증 없이 'All Natural'이라고 주장하는 샴푸
3.애매모호한 주장 (Vagueness)	너무 광범위하거나 제대로 이해할 수 없는 용어 사용	무독성 Non-toxic 세제로 표시하여 소비자의 오해를 일으키는 사례
4.관련성 없는 주장 (Irrelevance)	친환경적인 제품을 찾을 때 기술적으로는 사실이지만 구별되는 요소가 아닌 점을 진술	용기가 재활용됨을 표시하면서 'Green'이라는 용어 사용
5.두 가지 악 중 덜한 것 (Lesser of Two Evils)	범주가 전체적으로 환경적이지 않을 때 그 범주에 있는 다른 제품보다 더 환경적이라고 주장	유기농 담배, 녹색 해충약 등 친환경요소는 맞지만 환경에 해로운 상품에 적용하여 본질을 속임.
6. 거짓말(Fibbing)	사실이 아닌 점을 광고	인증마크를 도용한 사례
7. 허위 라벨 부착 (Worshiping False Labels)	위인증 라벨 사용을 통하여 실제로 존재하지 않는 제3자 검증 또는 인증을 가진 제품을 암시	No BPA(유해물질 없음) 인증마크로 흉내 내어 위장

한 회의감을 확산시킬 수 있기 때문이다.

ESG경영은 채용 문화 개선으로 이어진다

ESG경영이 기업의 채용 문화 개선으로까지 이어지는 데는 복합적인 원인이 작용한 것으로 보인다. 우선 오랫동안 이어지는 높은 청년실업률이 사회적인 문제로 자리매김했다는 점에서 'S(사회)'와의 연관성이 높아졌다. 직장을 구하는 데 실패해 좌절하는 청년들이 늘어나고, 이들의 좌절이 사회적인 이슈로 떠오르면서 대기업 채용에도 공정의 잣대가 적용되기 시작했다. 이와 더불어 기업 지배구조 개선이 강조되면서 주주·임직원의 위상이 높아진 것도 'G(지배구조)' 측면에서 채용 문화에 대한 점검으로 이어졌다. 최근 대기업을 중심으로 소액주주 비중이 늘어나면서 기업의 주인은 '주주'라는 인식이 강해지고 있다. 이에 따라 주주가 많은 대기업을 중심으로 '개인 회사'의 개념이 사라지면서 채용 과정에서 공정성 확보가 ESG경영의 일부로 자리매김한 것이다. 시대를 관통하는 키워드로 공정성이 떠오르고 있는 점도 채용을 비롯한 전반적인 기업 경영의 과정을 개선하는 데 영향을 미치는 것으로 보인다. 산업계를 뜨겁게 달궜던 '성과급 논란'도 회사가 벌어들인 수익의 공정한 분배가 핵심이었다. 성과급 논란을 비롯해 기업들이 공정 관련 이슈에 대응하는 과정에서 전반적인 프로세스 개선이 이뤄졌다.

ESG 우등생으로 꼽혀온 KT는 2020년 풍파를 겪었다. 2018년 12월쯤 시작된 유력 정치인 자녀 부정 채용 논란이 일파만파 커진 것이다. KT의 사회적 기여도와 지배구조상 감시 기능이 의심받을 수밖에 없었다. 부정적 시선은 ESG 평가등급에 곧바로 드러났다. 한국기업지배구조원(KCGS)이 발표한 2019년 상장기업 ESG 평가등급에서 통합등급 B+를 받았다. 줄곧 A와 A+를 오가던 KT에겐 낯선 성적이었다. 2021년 4년 만에 통합등급 A+에 복귀하며 명예를 회복했다. 대표이사와 이사회 의장 분리, 사외이사 비중 70% 이상 유지 등이 대표적인 고점 획득 비결로 꼽힌다. 다만 최근 채용비리 2심 선고 공판에서 1심의 무죄 판결이 뒤집히면서 추후 등급에 부정적 영향을 미칠 여지가 남았다.

사외이사 의장 체제는 국내 상장사에 보편화되지 않은 지배구조다. 금융감독원이 2018년 8월 발표한 자료에 따르면 자산 규모 1,000억 원 이상 상장사 중 86%에서 대표이사가 이사회 의장을 겸하고 있는 것으로 파악됐다. 사외이사의 의장 겸임 비율은 8.7%에 불과했다. 2003년 KT의 사외이사 의장 기용이 선제적이고 파격적인 조치였음을 알 수 있는 대목이다. 높은 사외이사 비율도 고득점 요인 중 하나다. KT는 2007년 이후 이사회 내 사외이사 비율을 70% 이상으로 유지하고 있다. 현재 재직 중인 사내이사와 사외이사는 각각 3명, 8명으로 사외이사 비중이 73%다. 현행 상법에 따르면 자산 2조 원 이상 대기업은 사외이사를 3명 이상 선임하고 전체 이사의 과반수로 둬야 하는데 이 기준을 훌쩍 넘는다. 사외이사 의장 체제와 마찬가지로 사외이사 비중이 70%를 넘는 상장사가 드물어 KT는 앞으로도 지배구조 평가상 고득점을 받을 전망이다. 다만 채용 비리 논란이 다시 수면 위로 떠오를 가능성도 배제할 수 없다. 김성태 전 의원은 2심 공판에서 뇌물수수 혐의로 유죄를 선고받았다. 1심의 무죄를 뒤집는 판결이었다. 같이 재판을 받은 이석채 전 회장도 뇌물공여 혐의 유죄 판결이 추가됐다. 추후 유죄가 최종 확정되고 또 한 차례 파장이 일 경우 ESG 평가상 불이익이 불가피하다.

LG전자는 상반기 국내 주요 ESG 평가기관인 서스틴베스트로부터 ESG 최우수 등급인 AA를 받았다. 서스틴베스트는 AA부터 F까지 7단계로 평가하는데, 전체 평가 대상 기업 중 AA 등급을 받은 기업 비율은 6.8%에 불과하다. 그런데 ESG경영 트렌드가 강조되는 가운데 채용 비리에 연루된 LG전자 관계자가 유죄 판결을 받은 점과 기업이 내놓은 재빠른 피드백은 우리 사회에 시사하는 바가 크다. 피고인들은 과거 LG전자 신입사원 선발 과정에서 자사 임원의 자녀 등을 부정 합격시켜 회사의 채용 업무를 방해한 혐의로 재판을 받아왔다. LG전자는 2014년 3월 최고인사책임자(CHO) 주도 아래 'GD(관리 대상) 리스트'라는 문건을 만들어 2019년까지 사회 유력 인사들의 친인척과 지인 채용 청탁을 관리해 왔다는 의혹을 받고 있다. 당시 신입사원 채용 업무를 총괄했던 담당자는 징역 6개월에 집행유예 2년을 선고받았다. 그와 함께 기소된 LG전자 관계자 7명에게도 벌금형이 선고됐다. 이번에 드러난 채용 비리는 2013~2015년에 이뤄졌다고 한다. 물론 당시와 지금은 채용 문화가 달랐을 것이다. 또 피고인의 판단에 따라 상급심에서 이 사안이 다시 다뤄지는 경우 판결이 바뀔 가능성도 있다. 다만 ESG경영이 강조되는 분위기 속에서 '채용 비리'에 연루된 관계자가 유죄 판결을 받았다는 사실만으로도 사회에 미치는 파장이 크다. 이번 사안을 계기로 사회의 인식 변화와 높아진 잣대에 맞춰 회사의 채용 프로세스 전반을 발전시켜 나가겠다고 밝혔다. 재빠른 대응을 통해 개선 의지를 내비친 것이다. ESG를 강조하는 우리 사회와 산업계는 비단 LG전자뿐만 아니라 다른 기업들도 변화해야 한다는 점을 강조할 것이다.

하나금융그룹이 '특별채용'을 통해 ESG경영 강화를 위한 새로운 시도에 나섰다. 하나금융그룹은 하나은행, 하나금융투자, 하나카드 등 그룹 내 7개 관계사가 참여하는 특별채용 전형 프로젝트 '금융에서 희망을 쏘다! 사다리 프로젝트'를 통해 총 20명의 합격자를 확정했다. 이번 특별채용은 하나금융그룹 차원의 ESG 채용으로 진행됐다. 코로나19 장기화로 인한 경기침체 여파로 피해를 입고 폐업한 자영업자 및 중소기업 희망퇴직자, 육아로 인한 경력단절자 등을 위해 학력과 나이 등의 제한이 없는 블라인드 채용을 실시했다. 서류전형과 면접전형을 거쳐 선발된 합격자들은 여행상품 · 패션 · 디자인 · 미디어 콘텐츠 기획 · IT솔루션 개발 등 비금융권에서 다양한 경력을 쌓아온 26세부터 41세까지의 전문가들이다. 이들은 전문성을 살려 미래금융사업, 중소벤처금융, AI빅데이터 등 디지털 플랫폼 혁신을 주도하는 주요 섹션에서 전문위원으로 근무하게 된다. 하나금융그룹은 이들이 경력 단절을 극복하고 제2의 커리어를 시작할 수 있게끔 돕는 한편, 비금융권에서 축적한 다양한 경험을 금융에 이식한다는 계획이다. 하나금융은 'ESG 부회장'이라는 직함까지 신설하고 자사 3대 전략을 ESG · 플랫폼 · 글로벌로 설정하는 등 ESG경영에 힘을 쏟는 제스처를 취하고 있지만, 정작 ESG 부회장 자리에는 채용 비리 혐의와 부실 파생상품 판매 혐의를 받는 인물을 기용한 바 있다.

해외는 ESG 중 E(환경)에 집중하고 있지만, 한국은 G(지배구조)에 주목해야 한다는 주장이 다수다. 기업 지배구조가 투명한 기업일수록 새로운 기업가치를 창출하고 주주 이익을 극대화할 가능성이 높기 때문이다. 기업이 단순히 돈을 버는 경제주체가 아닌, 사회와 만나고 지구 환경을 지키는 선순환 구조의 핵심이 돼야 한다는 믿음이 커지고 있기 때문이다. ESG는 이미 거스를 수 없는 흐름이다.

ESG 리스크에 유의해야 할 5가지

ESG는 역사적 배경, 시대정신과 맞물려 재조명받게 됐다. 사상 초유의 코로나19 사태로 인해 환경 파괴와 사회문제가 기업의 생존과 직결되는 상황을 전 세계가 지켜보고 있다. 전 세계적으로 ESG가 주류로 부상하면서 ESG 워싱이 주요한 이슈로 등장하고 있다. 'ESG 워싱(ESG Washing)'이란 'ESG(환경 · 사회 · 지배구조)'와 'white washing(세탁)'의 합성어로, 기업들이 실질적인 ESG경영과 거리가 있는데도 겉으로만 표방하는 것처럼 홍보하는 것을 말한다. ESG 워싱은 민간기업, 공기업, 공공기관, 정부 등 다양한 주체가 저지른다. 전 세계의 자본이 ESG로 수렴되고 있다는 점이 ESG 워싱 우려가 증가하는 핵심적인 배경이다. ESG 워싱은 '정보의 비대칭'에서 발생한다. 기업 · 금융기관 · 정부는 제품 · 서비스 · 정책 등에 대한 정보를 독점하고 있거나 더 많이 보유하고 있다. 해당 정보를 조합하고 배열하고 선택하고 축소하고 과장하고 은폐함으로써 소비자를 속이거나 오인하게 하여 경제적 이득이나 정치적 이득

ESG 리스크의 유형

유형	정의	사례	분석 및 전망
물리적 리스크	기후 변화로 인해 실물에서 발생하는 직간접적인 물적 피해 리스크	폭우 등으로 인한 시설물, 공장 손상	2017년에 S&P 500에 포함된 73개 기업이 기상 현상으로 인한 수익에 대한 중대한 영향을 공개했으며 이들 기업 중 90% 이상이 수익에 미치는 영향이 부정적이라고 공개
공급망 리스크	제품 및 서비스가 생산되고 전달되는 과정에서 발생 가능한 리스크	협력업체 직원의 안전사고	기후 위험으로 인한 공급망 중단은 2012년에서 2019년 사이에 29% 증가
평판 리스크	기업 평판이 악화됨에 따라 발생하는 리스크	오너 일가의 갑질로 인한 평판 하락	소비자의 47%는 자신의 신념과 일치하지 않는 브랜드에서 멀어짐
규제 리스크	규제 변화에 적절히 대응하지 못해 발생하는 리스크	제개정된 리스크를 준수하지 못해 부담하게 되는 제재, 벌금 등	기후 변화 규제의 수는 1997년 72개에서 전 세계적으로 1,500개로 증가
소송 리스크	소송이 발생해 부담하게 되는 직간접적 비용에 관한 리스크	공사 소음 등으로 인한 지역사회 주민과의 분쟁	2019년 5월 현재 미국에서 기후 변화 영향에 대해 1000건 이상의 소송이 제기되었다.
이행 리스크	기후 변화에 대응하기 위해 저탄소 경제로 이행하는 과정에서 발생하는 리스크	정부의 탄소배출 억제 정책 시행으로 화석연료 관련 자산의 가치 하락	전기차(EV)는 2040년까지 신차 판매의 절반 이상을 차지할 것으로 예상
인적자본 리스크	인적자본과 관련된 리스크	높은 이직률 등	밀레니얼 세대의 86%는 자신의 가치에 부합하고 직원 한 명을 교체하는 비용이 직원 연봉의 10~30%인 회사에서 일하기 위해 급여 삭감을 고려할 것으로 예측

을 취한다.

ESG 워싱은 단지 기업의 명성에 악영향을 끼치는 것에 그치지 않는다. ESG 관점에서는 이를 믿고 투자한 투자자의 손실이 따를 수 있기 때문에 소송으로 이어질 가능성을 배제할 수 없다. 실제로 해외의 경우, 잘못된 ESG 공시를 둘러싼 소송이 빈번하게 발생한다.

최근 산업계에 ESG경영이 강조되면서 기업의 채용 문화에도 많은 변화가 생겼다. 기업들은 채용 과정에서 구직자를 우선으로 생각하고, 공정한 채용을 위해 상당한 노력을 기울인다. 이제 기업에게 남은 선택지는 'ESG경영을 할 것인가 말 것인가'가 아니라 '어떻게 잘할 것인가'이다.

1. ESG경영에 대한 경영진의 의지를 대내외적으로 천명하라

겉으로는 ESG경영이 시대적 화두라고 하며 추진 의지를 보이지만 개별 기업에 적용하기에는 더욱더 복잡하다. 자칫 ESG경영이 기업을 옥죄는 새로운 걸림돌이 될 수 있다. 이런 경우에는 ESG경영이 단순한 구호나 선언적 수준으로 변질될 수 있다. 따라서 경영진은 진정성 있는 ESG경영을 이행하는 것이 선택이 아니라 필수임을 자각하고, 내부 구성원들과 외부 이해관계자들에게 ESG 추진 의지를 공개적으로 천명해야 한다.

2. ESG 활동을 투명하게 공개하고, 성과를 체계적으로 모니터 링하라

최근 금융위원회는 기업의 ESG 공시 의무를 담은 '기업공시제도 종합 개선방안'을 제정했고, 그 후속 조치로 2021년 1월 18일 한국거래소는 ESG 공시에 관한 가이던스를 발표했다. 이로 인해 2025년부터 자산 2조 원 이상 코스피 상장사는 환경(E)과 사회(S) 영역의 이슈에 대해 의무적으로 공시해야 하며, 2030년부터는 모든 코스피 상장사로 확대된다. 지배구조(G)의 이슈에 관해서는 2026년부터 모든 코스피 상장사로 공시 의무가 확대된다. 이렇게 ESG 공시가 의무화된다는 것은 기업의 ESG 활동에 대한 시장의 감시와 평가가 정밀해진다는 뜻이다. 따라서 개별 기업들은 ESG경영 활동을 총괄하는 내외 전문가로 구성된 컨트롤 타워를 구축하고, 하위 조직 단위의 ESG 목표 설정과 성과 관리를 체계적으로 모니터링할 수 있는 시스템과 프로세스를 갖출 필요가 있다. 체계적 대응 전략은 ESG 부서 담당자만이 아니라 시스템적으로 접근해야 한다.

3. 지속 가능성 보고서 발간을 통해 구축된 ESG 브랜드화를 견고히 하라

전경련이 2018년 〈사회공헌백서〉를 통해 국내 100대 기업의 사회공헌 트렌드를 분석한 결과 사회 이슈 파악과 파트너십은 양호한 편이었으나, 경영 관점의 통합 전략과 영향력 있는 소통은 미진했음을 밝혔다. ESG 추진 전략에서 유의해야 할 것은 무조건 다른 기업들이 채택하고 있는 ESG경영 방식을 답습하지 말고, 개별 기업에 특화된 'ESG 브랜드화'를 구축해야 한다는 점이다. 아울러 완성도 높은 지속 가능성 보고서 발간을 통해 구축된 브랜드를 더욱 견고히 할 수 있다. 구체적으로 ESG 활동이 어떻게 이해관계자에게 전달되고, 제3자 기관에 의해 객관적으로 검증되었는지 고려해야 한다.

4. ESG경영을 구현할 수 있는 조직 역량을 갖추고 조직문화 코드로 내재화하라

아무리 명분이 좋다고 해도 모든 ESG 활동이 똑같이 평가될 수는 없다. 세상을 이롭게 하는 일이라도 적당히 하면 모두 인정해 줄 것이라고 착각하면 안 된다. 사회적 책임에 관한 확고한 철학, 미션, 비전, 목적, 가치체계 등을 수립하고, 경영진뿐만 아니라 전사 구성원 모두가 적극적으로 동참하며 진정성 있게 사회문제를 해결하고 새로운 가치를 창출해 나가는 실제 경험이 쌓여갈수록 조직문화에 내재화될 것이다.

5. ESG경영을 내재화하고 평판을 관리하라

최근 들어 익명성이 확보된 SNS를 통해 기업의 내부 구성원들의 말과 행동이 외부에 공개되어 기업들이 위기에 빠지고 있다. ESG경영이 실제 조직문화에 내재화되지 않으면, 구성원들의 입과 행동을 통해 실체가 금세 탄로 날 가능성이 높으니 기업은 평판 리스크를 관리해야 한다. ESG경영을 제대로 구현하기 위해서는 경영진의 의지 천명부터 조직문화로의 내재화에 이르기까지 전사 구성원의 적극적인 참여가 필요하다. 과거에는 기업의 제일 중요한 목적이 '이윤 추구'였고, 돈을 벌기 위해 수단과 방법을 가리지 않는 경우가 많았다. 이제는 그런 기업이 살아남기 어려운 시대가 됐다. 환경을 고려하고 사회의 여러 이슈에 대응하며 투명한 지배구조를 가져야만 기업의 지속 가능한 가치를 인정받는다.

참고문헌

· 김국현, 〈세계는 지금 ESG 혁신 중, 다양한 사례를 통해 알아본 ESG경영〉, SK hynix Newsroom, 2021. 02. 09.
· 김병주, 〈하나금융, 경력 단절자 위해 'ESG 채용' 나섰다〉, 데일리임팩트, 2021. 05. 05.
· 류정선, 〈최근 글로벌 ESG 투자 및 정책동향〉, 한국금융투자협회, 2020. 06. 17.
· 문지웅, 〈ESG는 짧게 끝날 유행 아니다〉, 매일경제, 2021. 01. 13.
· 민유정, 〈'돈쭐'이 유행하는 세상…필수가 된 ESG경영〉, 한국무역신문, 2021. 07. 09.
· 어쓰, 〈ESG는 기업의 책임 경영 아닌 마케팅일 뿐〉, 프레시안, 2021. 06. 04.
· 이상원, 〈'환경 · 사회 · 지배구조' 재정립…속도 내는 ESG경영〉, 중소기업뉴스, 2021. 01. 25.
· 이성희, 〈[ESG탐구영역②] 美 바이든 정부 출범에 더 뜨거워진 ESG〉, 이코노믹리뷰, 2021. 02. 12.
· 이용성, 〈ESG 전문가 어디 없나요?… 높아진 지속 가능 경영 눈높이에 '수요 급증'〉, 조선비즈, 2021. 06. 07.
· 이진원, 〈'채용 비리 의혹' LG전자, ESG경영 긍정적 평판 훼손 위기〉, ESG경제, 2021. 07. 27.
· 이춘재, 〈재계 우등생들은 왜 'ESG 워싱' 의심받고 있나〉, 한겨레, 2021. 07. 18.
· 오범택, 〈우리는 왜 ESG에 주목해야 할까?〉, GS칼렉스 미디어허브, 2020. 02. 20.
· 장문기, 〈시대의 키워드 'ESG · 공정성', 기업 채용도 원칙 지켜야〉, 아주경제, 2021. 09. 03.
· 장영균, 〈ESG경영 트렌드 확대와 기업의 추진 전략〉, HR Insight, 2021. 05. 04.
· 홍대선, 〈그린워싱(위장환경주의)? 실상 금방 드러나고 쭉정이는 걸러질 것〉, 한겨레, 2021. 08. 17.
· https://www.blackrock.com/corporate/investor-relations/larry-fink-ceo-letter

직원 경험 시대

•

고객 경험을 넘어서 직원 경험으로 넓혀라

경험이란 당신에게 일어나는 것이 아니라 당신에게 일어난 것을 어떻게 대처하느냐 하는 것이다.
– 올더스 헉슬리

⓪①

고객 경험을 넘어서 직원 경험 시대로

"우리 회사는 어떻게 좋은 직원을 채용해서 함께 성장할 수 있을까?"

직원이 채용 공고를 보는 순간부터 지원서 작성, 면접, 회사 생활, 퇴직하는 순간까지 보고, 배우고, 느끼는 모든 것이 '직원 경험 (EX, Employee Experience)'에 기여한다. '직원 경험'이란 직원의 행동을 이끌고 직원들이 조직과 맺고자 하는 관계 또는 유대감을 형성하는 전반적인 활동을 말한다.

이제는 '고객 경험(CX, Customer Experience)', '사용자 경험(UX, User Experience)'을 넘어서 '직원 경험' 트렌드가 더욱더 강화될 전망이다. 고객 경험과 사용자 경험의 차이는 무엇인가?

'고객 경험'이란 고객의 생각과 느낌을 파악하는 데 중점을 두고 매장 방문, 제품 구입, 구입 후 이용 등의 과정에서 고객이 보고 느끼는 다양한 경험을 말한다. 반면 '사용자 경험'이란 사용자가 단순히 기능뿐만 아니라 지각 가능한 모든 면에서 참여하고 어떤 시스템, 제품, 서비스를 직간접적으로 이용하면서 상호 교감을 느끼게 되는 총체적 경험을 말한다. 얼핏 보면 CX와 UX가 비슷해 보이지만 분명한 차이점이 있다. 우선 CX는 UX를 확장한 개념으로 브랜드와 고객의 접점이 지속해서 이어지는 고객 경험의 총체를 의미한다. UX는 주로 앱, 웹, 제품 등 하나의 서비스에 대한 사용자 경험을 뜻하는 경우가 많다. CX 담당자가 구매력 있는 소비자를 대상으로 소통한다면, UX 담당자는 제품을 사용하는 대상에 초점을 맞춘다.

'내부 고객'인 직원의 채용부터 퇴직까지 전반적인 경험을 관리하는 데는 많은 노력이 필요하다. 입사지원 단계에서 시작되며 채용 및 온보딩뿐 아니라 지속적인 학습, 성과 검토, 인재 관리 단계에서도 중요하다. 직원 이탈률이 높은 회사는 직원을 소싱하고 고용하는 데 드는 감정적, 재정적 투자를 해야 한다. 그만큼 6개월 이내에 손실을 보게 된다. 전체 프로세스를 다시 시작해야 하는 경우, 특히 비효율적인 시스템이나 프로세스가 있는 경우 영향을 받는 팀의 생산성이 크게 지연된다. EX(직원 경험)는 조직문화 개선을 위한 기업 내 혁신의 새로운 트렌드로 성장하고 있다.

기업은 그 어느 때보다 빠른 변화를 요구받고 있다. 코로나19 이후 디지털 전환, 애자일 경영, 소셜미디어, 인구 통계 변화 등 시장 질서가 재편성되면서 변동성이 높아진 경제 상황으로 인한 다양한 요인에 의해 촉진되고 있다. 구성원들이 변화를 경험하는 매 순간 실제로 어떤 영향을 받는지 정기적으로 관찰하고 이해해야 한다. MZ세대는 그들의 의사를 표현할 더 많은 기회를 원한다. 이전 세대와 다르게 느끼고, 생각하고, 행동하는 새로운 구성원들에 대해 더 깊이 이해해야 한다. 전통적으로 강조되어 온 '직원 몰입(employee engagement)'에서 통합적인 '직원 경험'에 대한 접근으로 전환될 전망이다.

JOB TREND
02

직원 경험 시대 - 세계 동향

세계적 기업들의 채용 프로세스는 직원 경험으로 바뀌고 있다

구글, 페이스북, 넷플릭스 등은 직원들에게 긍정적인 경험을 부여함으로써 자사의 경쟁력을 제고하기 위해 노력하고 있다. 에어비앤비에서 HR을 책임지는 CHRO라는 직책은 '최고직원경험책임자(CEEO, Chief Employee Experience Officer)'로 명칭을 바꾸었다. 코로나 19 이후에도 우수 인재를 확보하기 위한 인재 전쟁은 더욱더 치열해졌다. 부족한 일자리에 지원자가 늘어나고 있지만, 정작 필요한 핵심 인재를 영입하기 위한 경쟁은 격화되고 있는 추세다.

HR 솔루션 전문 기업 켈리서비스(Kelly Services)의 조사에 의하면 채용 과정에서 긍정적인 경험을 한 후보자의 95%는 "그 회사에서 또 채용 공고가 나면 다시 지원하겠다"고 답했고, 97%는 "지인에게도 그 회사에 지원을 권유하겠다"고 말했다. 이러한 경험은 회사의 고용 브랜드와 매출에도 긍정적 영향을 미칠 가능성이 높다. 같은 조사에서 88%의 응답자는 "그 회사의 제품을 더 많이 사겠다"고

했고, 55%는 "SNS상에 자신의 경험을 공유하겠다"고 답했다. 이를 통해 실리콘밸리 기업들이 직원 가치를 얼마나 중요하게 여기는지, 동시에 필요한 인재를 유인하기 위해 얼마나 치열하게 경쟁하는지 알 수 있다.

직원 만족이 회사의 가치를 창출하는 첫단추

비싼 값을 치르면서 스타벅스를 찾는 이유로는 커피 맛도 중요하지만 스타벅스에서만 느낄 수 있는 '감성적 체험'에 있다. 스타벅스 창립자 하워드 슐츠는 "스타벅스가 새로운 것을 만들어낸 것은 아무것도 없다. 하지만 스타벅스는 완벽한 경험을 고객에게 제공한다. 커피를 제공하는 것이 아니라 커피를 통해 고객에게 만족할 만한 경험과 기억을 주는 공간이 되는 것이다"라고 스타벅스에 대해 공간적 정의를 내렸다. 슐츠는 "직원이 직장에서 만족과 행복을 찾으면 그 직원이 대하는 고객 역시 만족감을 느낄 수 있다. 그러면 고객은 또 스타벅스를 찾게 되고 자연히 회사의 수익은 올라간다. '직원 만족'이 회사의 가치를 창출하는 첫 번째 단추인 것이다"라고 설명한다. 스타벅스의 최우선 원칙은 고객 존중이 아니다. 고객 존중은 두 번째 가치다. 스타벅스의 첫 번째 가치는 직원 만족과 직원 행복'이다. 그 이유에 대해 스타벅스는 종업원을 '직원이 아닌 '파트너'라고 부른다. 하워드 슐츠 리더십의 정체는 커피 비즈니스가 아닌 '피플 비즈니스(people business)'인 셈이다. 스타벅스는 여러 커피 전문점 중 유일하게 고공행진 중이며, 그러한 배경에는 성공적인 디지털 전환(DX)이 있었다. 하지만 스타벅스가 정말 대단한 점은

직원 경험 관리(Employee Experience Management)

DX를 훌륭히 해내면서 본질적인 오프라인 경험 증대에도 소홀하지 않았다는 것이다. 스타벅스는 드라이브 스루를 도입해 성공시키기도 했다.

공간에 대한 직원 경험의 대표적인 사례는 구글 캠퍼스, 애플 파크 등과 같이 실리콘밸리 기업들이 멋지고 차별적인 근무 환경을 만드는 것이다. 실리콘밸리에서 유명 셰프가 만드는 무료 식사, 헤어 서비스, 드라이클리닝, 세차 서비스, 스파 치료, 자전거 수리소 등 수많은 혜택들이 제공되는 것은 바로 직원 경험의 차원이다. '직원 생애주기(Employee Life Cycle)'는 입사부터 퇴사에 이르기까지 직장 생활의 전 생애를 의미한다.

제이콥 모건(Jacob Morgan)은《직원 경험(The Employee Experience

Advantage)》이라는 책에서 직원 경험은 문화(culture), 기술(technology), 물리적 공간(physical space)의 합으로 구성된다고 주장했다. 직원 경험은 직원이 즐기는 조직문화와 직원의 업무를 효율적이고 편리하게 도와주는 기술적 도구들, 끝으로 직원의 창의성과 몰입, 나아가 재충전을 가능하게 하는 물리적 공간이 잘 조화될 때 나타날 수 있다. 과거에는 기술과 물리적 공간 같은 요인들을 기업문화의 하위 요소로 보았지만, 직원 경험 관점에서는 이들이 독립적인 위상을 지닌다고 파악했기 때문이다.

댄 힙스와 칩 히스는《순간의 힘(The Power of Moments)》에서 기억에 남을 강렬한 순간은 어떻게 결정되는지를 4가지로 설득력 있게 소개하고 있다. '황홀감(elevation)'을 느낄 만한 사건을 경험했거나, 깊은 '통찰(insight)'을 얻게 만든 사건을 경험했거나, '자부심(pride)'을 느끼게 만든 사건을 경험했거나, 타인과의 '교감(connection)'이 형성되었던 사건은 인간의 기억에 오래 남고 삶의 중요한 순간으로 인식된다는 것이다.

지난 1년을 돌이켜보았을 때 어떤 경험이 기억에 남아 있는지를 곰곰이 생각해 보면 대개는 이 4가지 속성을 지닌 사건일 가능성이 높다. 효과적인 직원 경험 관리를 위해서는 직원들이 주로 어떤 사건에 강한 영향을 받고 있는지를 파악해야 한다. 인사 시스템만 봐도 그 회사의 수준을 알 수 있다. 잠재적인 채용 후보자들 중에서 우수한 지원자들이 종종 다른 회사를 선택하고 있다면 EVP(Employee Value Proposition, 종업원 가치제안)의 관점에서 바라볼 필요가 있다. EVP는 '회사가 직원에게 제공하는 모든 가치'를 말하는 것이다. 해당 기업이 제공하는 업무 환경, 리더십, 동료, 보상의 총체이며 잠재 종업원도 '내부 고객'으로 보는 관점이라고 이해하면 쉽다.

채용 정보는 일주일에 한 번씩 업데이트되어 서치 펌으로 전달되고, 추천받은 인재에 대한 피드백도 바로 제공된다. 채용 속도가 굉장히 빨라지면서 이제는 한 달 안에 서류에서 채용까지 완료하는 기업들도 늘어나고 있다. 회사에서 우물쭈물하는 사이에 인재는 다른 회사로 가버린다. 회사를 둘러보고 다른 사람들을 참여시키고, 권한을 부여하고, 영감을 주고, 동기를 부여하는 데 능숙한 사람들을 찾아야 한다. 회사 내에서 소중한 추억을 만들어야 한다. 첫 승진, 첫아이 출산, 내 집 마련 등 직원에게 중요한 순간의 요점은 직원을 근로자가 아니라 개인으로 보는 것이다.

코로나19 팬데믹의 영향으로 이러한 노력이 조금 주춤하기도 했지만, 결국 경기는 회복될 것이고 기업은 인재 확보와 유지에 다시 전력을 기울일 것이다. 다만 포스트코로나 시대에 맞게 직원 경험을 높이는 방식에 대해서는 재검토가 필요하다. 가령 신입 직원이 첫날 경험하는 모습이 이제는 크게 다를 것이다. 예전에는 출근 첫날 HR과 대면으로 신규 채용 오리엔테이션을 하고, 새로운 팀원들과 만나서 인사를 했다. 하지만 원격근무나 하이브리드 근무가 확대되면 이런 경험들이 가상공간을 기반으로 설계되고 운영되어야 한다. 따라서 HR은 현실세계와 가상공간에서 어떻게 경쟁력 있는 직원 경험을 제공할지에 대해 창의적인 방법을 고민해야 한다.

직원 경험 시대 – 국내 동향

일반적으로 사람들은 직장은 오래 있기 싫은 곳, 심신을 피곤하게 만드는 곳으로 빨리 퇴근하고 싶은 생각이 든다고 목소리를 모은다. 국내에서도 많은 기업들이 직원 경험에 주목하며, 기존의 인사팀 부서명을 직원 경험부서, EX실로 변경하고 더 나은 직원 경험을 제공하기 위해 노력하고 있다.

대표적으로 유한킴벌리는 최근까지 물리적 직원 경험에 가장 많은 노력을 기울인 기업이다. 유한킴벌리는 수평적인 문화에 맞춰 2010년 모든 직원에 대한 변동좌석제를 적용하여 선도적으로 스마트오피스를 실현하였고, 지금은 '스마트워크 3.0'을 지향하고 있다. 직원들의 다양한 성향에 맞춰 자율적으로 일할 수 있는 열린 사무공간과 투명·반투명 선택 가능한 회의실, 안마의자를 이용할 수 있는 남녀 별도의 휴식 공간과 열린 카페까지, 신입사원들이 스마트오피스를 보고 애사심이 높아졌다고 이야기할 정도로 사무공간에 대한 직원들의 만족도가 매우 높다. 여기서 만족하지 않고 직원들의 의견과 제안을 반영하여 더 발전하는 공간으로 변화하고 있다. 이 같은 방향성을 바탕으로 유한킴벌리는 사람의 가능성을 향

직원 여정 Employee Journey

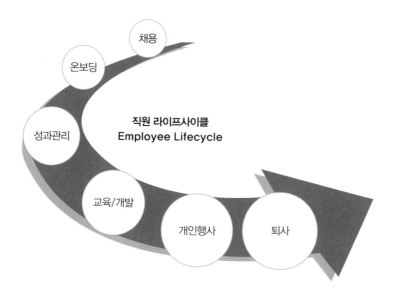

한 믿음이라는 HR 비전인 'People Wheel' 인사 전략에 맞춰 직원 생애주기에 따른 인사 제도 및 조직문화를 설계해 왔다.

삼성전기도 CEO의 확고한 '경험 중시' 철학이 직원 경험 설계의 추진 동력으로 작동한 사례이다. CEO는 모든 직급의 직원들과 수시로 대면 회합을 갖고 회사의 미션과 비전을 직접 전파하면서 직원들의 의견을 현장에서 청취한다. 최근에는 리더 상향 평가를 시행함에 있어 고객 경험 관리에서 자주 사용하는 순추천고객지수(Net Promoter Score)를 활용한 '리더 추천도'를 평가 항목에 탑재해 직원들이 실제 경험한 리더십을 평가하고자 했다. 평가 후 리더십 개발이 필요한 리더들은 차별화된 코칭 프로그램으로 연결해 보다 나은 경험 제공자가 되도록 도와주고 있다. 또한 재직자들이 회사 생활을 여과 없이 촬영해 보여주는 직장인 브이로그도 제작한다. 잠재 지원자들로 하여금 제조업체의 무거움에서 벗어나 보다 친근한 기업 이미지를 경험하게 하고 있다.

기아는 직원 경험에 진지한 관심을 가진 기업 중의 하나이다. '마음이 젊은 사람들의 생각과 행동'을 표방하는 조직문화로의 변화를 모색하고 있으며 물리적 나이와 상관없이 자신감 넘치고 도전을 즐기며 열정적으로 자신의 일과 삶을 즐기는 사람을 이상적인 인재상으로 정의하고 있다. 이에 따라 10가지의 '젊은 마음 모드(Young Heart Mode)'를 제정해 현장감 있는 언어로 직원들의 행동을 자연스럽게 유도한다. 또한 '기아 정신(Kia Spirit)' 행동 가이드를 동영상으로 제작해 사내 직원들의 실제 경험을 그대로 콘텐츠에 녹여냈다. 선배 세대와 다른 행동 특성을 보이는 그들을 위해서는 동기부여나 일하는 방식, 조직관리 방식이 직원의 기대를 수렴하는 상향식으로 바뀌지 않으면 안 되는 상황이다.

뱅크샐러드는 최근 사옥을 여의도로 이전하면서 공간을 경험으로 재해석하는 시도를 했다. 사옥 이전을 '더 높은 곳을 향한 여행'으로 정의하고 이전을 통해 겪게 될 구성원들의 스트레스를 긍정적인 여행 경험들로 채우고자 노력했다. 신사옥의 공간 설계도 인테리어 전문업체가 아닌 사내 경험디자인팀이 직접 기획했다. 자율성을 중요시하는 것은 뱅크샐러드의 구성원들이 자발적으로 만든 재택근무 매뉴얼에도 나타난다. 해외 기업에서 재택근무를 해본 경험이 있는 직원들을 중심으로 재택근무 기본 규칙을 만들었다. 핵심은 '오전엔 회의, 오후엔 업무' 등 단순한 업무 일정이었다. 이런 자발성에 기초하여 직원들의 행동 데이터를 기반으로 업무의 효율성과 일터 경험을 최적화하는 시도를 했다.

직원 경험에서 고용주 브랜딩까지 영향을 미친다

코로나19 이후 빠른 경영 환경 변화와 더불어 개인 삶의 질이 향상되면서 사람들도 일을 생계유지 수단이 아닌 성장, 행복 등 경험적 가치를 추구하는 방법으로 생각하고 있다. 즉 일이 '경력(career)'이 아닌 '라이프스타일의 경험(lifestyle experience)'이라는 의미를 갖게 된 것이다. 이에 따라 HR 전략도 직원 경험 관리 중심으로 진화하고 있다. 기업의 채용 전략도 수정이 불가피해졌다. MZ세대가 조직에 어떻게 좋은 경험을 줄 것인지 고민하는 방향이다. 고객 경험(CX)보다 직원 경험(EX)이 더 중요해지고 있다.

결국 외부 고객보다 내부 고객을 어떻게 끌어들이느냐가 기업의 성패를 좌우한다. '직원 경험 여정 맵(EX Journey Map)', '직원 경험 플로차트(EX Flowchart)' 등 다양한 직원 경험 진단 도구들을 활용해 보다 입체적으로 직원 경험을 진단할 수 있다. 장차 입사를 원하는 사람들에게도 브랜딩이 필요하다. '고용주 브랜딩(Employer Branding)'이란 기업 내부 직원과 향후 입사를 원하는 잠재 직원, 기업이 채용하려는 인재들에게 전하고자 하는 기업의 가치를 뜻한다. 바야흐로 '직원 경험(EX)' 시대에 '고용주 브랜딩'까지 영향을 줄 전망이다.

채용시 직원 경험에 유의해야 할 5가지

직원 경험이 다양한 비즈니스 결과에 긍정적인 영향을 미친다는 것을 보여주는 증거가 점점 늘어나고 있다. 수년 동안 조직은 비즈니스 성공의 주요 동인으로 '고객 경험'에 중점을 두었지만 최근에는 '직원 경험'으로 바뀌었다. 이제 조직이 직원에 대한 투자가치를 먼저 인식하기 시작하면서 '직원 경험'이 각광받고 있다.

1. MZ세대의 입장에서 소통과 공감이 이루어져야 한다

갤럽 보고서에 따르면 밀레니얼 세대의 21%가 이직을 하고 29%만이 직장에 몰두한다. 신입사원이 짧은 시간에 퇴사하면 그 영향은 치명적일 수 있다. 경제적 손실뿐만 아니라 조직문화에 미치는 영향도 심각할 수 있다. 직원 경험에 투자하면 직원을 유지하고 반복적인 업무 중단을 피할 수 있다.

2. 인력 생산성이 아니라 직원 라이프사이클로 접근해야 한다

직원은 조직의 소중한 자산이다. 긍정적 문화를 조성하고 직원의 라이프스타일에 맞는 작업 환경을 올바르게 이해하면 직원들이 더 열심히 일하고 더 빠르게 혁신한다. 미래의 직원들은 일과 삶의 통합적 관점인 '워라인(Work-Life Integration)'을 갖게 된다.

3. 직원의 시시콜콜한 경험이 아니라 삶의 영향을 줄 사건에 초점을 맞춘다

'중요 사건(MOI, Moment Of Impact)'은 직원의 삶에 상당한 영향력을 준 기억에 남을 만한 구체적인 사건을 의미한다. 여기서 '중요 사건'이라고 언급한 점에 주목할 필요가 있다. 직원 경험 관리는 직원의 시시콜콜한 모든 사건을 관리하는 것이 아니라 그들의 삶에 영향을 미치는 중요한 사건에 초점을 맞춘다.

4. 중요한 사건을 경험하게 된 본질적 이유를 찾아서 긍정적인 경험을 지속시킨다

직원들은 상사가 지시한 그 일을 왜 하는지도 알 수 없고 어떠한 결과를 만들어내야 하는지도 불분명할 때 부정적인 경험을 하게 된다. '핵심 경험 변수(KEF, Key Experience Factor)'는 직원들이 중요 사건(MOI)을 경험하게 된 본질적인 이유를 의미한다. 이것은 보기 드문 사건이 아니라 자주 관찰되는 중요 사건에서 비롯되어야 한다. 업무에 상당한 재량권과 자율성이 부여되어 자신의 업무를 주도적으로 수행할 때 그 업무에 관해 긍정적인 경험을 하게 된다.

5. 직원이 업무에 몰두하고 만족할 때 고객은 단번에 알아차린다

무뚝뚝한 반응과 최소한의 노력이 아닌 자신의 일에 자부심을 느끼는 직원이 고객을 위해 더 많은 노력을 기울일 준비가 되어 있다. 해당 업무를 긍정적이거나 부정적인 경험으로 인식하게 만든 이유는 바로 '일의 의미(meaningfulness)'다. 딜로이트의 보고서(2017년)에 따르면 직장인들이 경험하는 5가지 핵심 경험 변수는 '일의 의미', '조직의 지원감', '긍정적인 조직 풍토', '성장의 기회', '리더에 대한 신뢰'이다. 5가지 모두 중요한 경험 속성들이며 이것들이 존재하거나 부재함에 따라 직원들은 다양한 긍정적 사건과 부정적 사건을 경험한다.

참고문헌

· 박예진, 〈[인재 확보에 사활을 건 기업들] 성공적인 직원 경험 디자인하기〉, CHIEF EXECUTIVE, 2021년 5월호.

· 송혜미, 〈오전 회의, 오후 업무"… 재택 매뉴얼 만들어 집에서도 '워라밸'〉, 동아일보, 2021. 04. 06.

· 허두영, 〈세계적 수준의 '고객 경험'을 창조하려면…〉, 전기신문, 2019. 05. 17.

· 제이콥 모건, 《직원 경험: MZ세대가 선택하는 회사의 비밀》, 이담북스, 2020. 09. 10.

· 하워드 슐츠 · 조앤 고든, 《온워드 Onward》, 에이트포인트, 2011. 04. 18.

시니어 시프트

•

젊은이에서 시니어로 전환하라

아무렇게나 사는 40세보다는 일하는 70세의 노인이 더 명랑하고 더
희망적이다.
-올리버 웬델 홈즈

JOB TREND
01

모든 것이 시니어 중심으로 바뀐다!

사람은 성장하는 동안 늙지 않는다. 102세 김형석 교수는 "50세 무렵부터 신체 기능이 퇴화한다는 느낌을 받았지만, 정신적 성장과 인간적 성숙은 75세까지 가능하다"고 단언한다. 이제 인생의 황금기는 60세부터 75세까지다.

행정안전부가 2021년 발표한 주민등록 연령별 인구 통계를 보면, 전반적인 고령화 현상을 볼 수 있다. 고령화가 가속화되면서 60대 인구가 20~30대 비중을 처음 추월하는 현상이 나타났다. 전체 평균 연령은 43.4세로 주민등록 인구 통계를 최초로 집계한 2008년(37세)에 비해 6.4세 늘어났다. 성별로는 여성의 평균 연령이 44.6세로 남성(42.3세)보다 2.3세 높다. 연령별 인구는 50대 인구(859만 314명)가 전체의 16.6%를 차지하며 가장 높게 나타났다. 이어 40대(15.9%), 60대(13.5%), 30대(13.1%), 20대(13.1%), 70대 이상(11.1%), 10대(9.2%), 10대 미만(7.5%) 등이었다. 이 중 60대 인구 비중은 2008년 8%에서 2013년 8.7%, 2018년 11.5%, 2020년 13%까지 높아졌다. 전반적인 고령화 현상 속에 60대 인구는 올 상반기에도 0.5%p 증가하며 사상 처음으로 20대 인구를 넘어섰다.

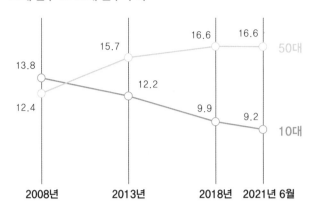

50대 인구 Vs 10대 인구 추이

50대: 13.8 (2008년), 15.7 (2013년), 16.6 (2018년), 16.6 (2021년 6월)
10대: 12.4 (2008년), 12.2 (2013년), 9.9 (2018년), 9.2 (2021년 6월)

2008년   2013년   2018년   2021년 6월

2021년 채용 트렌드에서 '시니어 노마드(senior nomad)'가 급증했다면, 2022년에는 '시니어 시프트(senior shift)' 시대가 온다. '시니어 노마드'는 은퇴 후 자녀 양육 책임이나 생계에서 벗어나 기존 노인의 가치관에 얽매이지 않고 끊임없이 새로운 자아를 찾아가는 시니어들을 말한다. '시니어 시프트'는 모든 산업의 주요 비즈니스 중심이 젊은 층에서 경제적 여유가 있는 시니어로 이동하는 경제적·사회적 현상을 말한다.

'터닝 시프트'란 '당연하게 여겨졌던 것들의 혁명적 변화를 반드시 이뤄내야 하는 전환을 의미한다. 쉬운 점프가 없듯 인생의 전환, 즉 터닝 시프트의 성공은 절대로 한순간에 이루어지지 않는다. '시니어 시프트'도 마찬가지로 '주니어'에서 '시니어'로의 패러다임 전환을 의미한다.

모든 비즈니스는 시니어 중심으로 재편된다. 초고령화 사회에서 주 고객인 '젊은이'는 줄어들 수밖에 없고 '시니어'로 눈을 돌려야 한다. 예전과 달리 경제력과 활동력을 모두 가진 시니어가 대거 등장하는 만큼 새로운 비즈니스 기회가 될 수도 있기 때문이다. 실버산업의 성장 배경은 초고령화 사회, 고령 인구의 증가, 가족 구조와 부양 의식의 변화, 시니어의 경제력 향상 등이다.

영국 런던비즈니스스쿨의 린다 그래튼 교수는 2016년 6월 《100세 인생(The 100-Year Life)》을 출간했는데, '장수시대의 삶과 일(Living and Working in an Age of Longevity)'이라는 부제가 붙어 있던 이 책은 영국에서 큰 반응을 이끌지 못했다. 하지만 같은 해 10월 일본에서 《라이프 시프트(Life Shift)》라는 제목과 '100세 시대의 인생 전략'이라는 부제로 출간됐을 때는 분위기가 전혀 달랐다. 초고령화로 가장 극심한 몸살을 앓고 있던 일본에서 '라이프 시프트' 개념이 선풍적 인기를 끌었다. 일본 전체 인구의 27%가 이미 65세를 넘었고, 50세 이상이 절반이나 된다. 그래튼 교수는 "100세 시대에는 60, 65세 은퇴란 있을 수 없다"며 일하는 방식의 설계를 바꿔야 한다고 주장했다. 이제 '시니어 시프트' 트렌드는 세계적으로 더욱 더 확산될 전망이다.

시니어 시프트 - 세계 동향

부의 이동이 시니어로 넘어갔다

이미 초고령 사회에 진입한 독일과 일본은 '시니어 시프트' 트렌드가 확산되고 있다. 젊은이보다 시니어가 많아지고, 소비자로서 구매력이 있기 때문에 위력이 더욱더 강화되고 있다. 일본 기업들은 시니어 중심의 다양한 제품과 서비스를 생산 및 제공하고 있다. 2017년 일본노년학회는 고령자의 정의를 75세 이상으로 바꾸고 65~74세는 준고령자로 분류해 생산적 역할을 부여하자고 제안했다. 일본의 금융자산 70%를 60대 이상 노인들이 가지고 있다는 통계도 있다. 국민연금, 후생연금, 기업연금 등 3중 연금 구조로 현역 월급쟁이 시절처럼 보장되는 만큼 가장 부유한 은퇴 세대가 될 전망이다. 다만 이런 준비가 미흡했거나 불운이 닥친 노인들을 중심으로 점차 '황혼 이혼', '노후 파산', '노년 사기' 등 리스크를 준비해야 한다.

백신 접종 끝낸 일본 시니어 세대, 보복 소비가 본격화했다

최근 일본의 고령층 소비가 크게 늘었다. 니혼게이자이 신문은 일본의 가계부 앱 자임(Zaim)과 함께 해당 앱 사용자 20만 명의 데이터를 분석했다. 그 결과 2021년 6월 말 기준 65세 이상 고령 세대의 지출액은 6월 초 대비 많이 증가한 것으로 나타났다. 모임 등 사교 활동 지출은 약 90%, 미용·의복 지출은 40%가량 증가했다. 이들이 여행을 위해 쓴 금액은 5월 말 대비 4배 넘게 증가했다. 저녁 술자리도 최대 6.5배 가까이 늘어난 것으로 나타났다. 이처럼 고령 세대가 폭발적인 소비를 시작한 데는 일종의 보복 소비가 작용한 것으로 분석된다. 코로나19 팬데믹 이후 움츠러들었던 소비 심리가 백신 접종 이후 본격적으로 살아나고 있는 것이다.

정년을 맞는 1960년생, 8만 시간을 어떻게 쓸 것인가?

이제 1960년생들이 법적 정년을 맞았다. 일본에서 1947~1949년 탄생한 약 800만 명이 베이비붐 시대, 이른바 '단카이' 세대이다. '단카이(團塊, 덩어리) 세대'라는 용어는 경제 각료이자 작가였던 사카이야 다이치(堺屋太一)의 1976년 소설 《단카이의 세대》에서 나온 이름이다. 이들은 성장과 전성기를 지나 퇴직하기까지 전후 일본 사회를 들었다 났다 하며 영향을 끼쳤다. 일본의 시니어들은 '은퇴 후 8만 시간'을 어떻게 쓰고 있는지 알아보자. 은퇴 후에는 8만 시간이라는 긴 자유의 시간이 주어진다. 하루 24시간 중에서 수면과 식사 등 일상생활에 필요한 시간을 빼면 약 11시간 정도이며, 이를 20년으로 계산하면 약 8만 시간이다. 일본 단카이 세대들은 가족이나 사회가 아닌 '나만의 시간'을 만끽하려고 한다.

일본 단카이 세대의 주요 키워드 중 하나는 '평생 현역'이다. '평생 현역'이란 건강이 허락할 때까지 평생 일한다는 것이다. 일본도 은퇴자들이 일하는 이유 중 가장 큰 부분을 차지하는 것이 '생계' 때문이다. 그래서 '하류노인', '과로노인' 등 부정적인 말들이 등장한다. 하지만 '넉넉한 은퇴자'들도 일 없는 무료함의 고통을 알기에 몸이 허락할 때까지 일하고 싶어 한다. 일본은 고령자고용안정법을 개정해 2013년 4월부터 정년을 사실상 65세 이상으로 끌어올렸다. 60세 정년 이후에도 정년자가 희망할 경우 65세까지 계속 고용을 의무화한 것이다.

시니어의 경험을 새롭게 설계하고 있다. '시간과 체험을 판다'는 슬로건을 내걸고 고령자들의 발길을 사로잡고 있는 일본의 대형 유통업체 이온의 가사이점 4층에 있는 널찍한 서점을 찾은 고령자들이 독서 삼매경에 빠져 있다.

2018년 아쿠타가와상 수상자는 63세 주부로 남편을 일찍 여의고 55세에 문화센터에서 글쓰기 강좌를 들은 것을 계기로 일본 최고의 문학상을 거머쥐었다. 퇴직 뒤 평생의 연구 주제를 정해 자료를 발굴하고 필생의 과업으로 책을 써내는 사람들도 늘어나고 있다.

도쿄 신주쿠의 게이오 백화점은 친고령자 백화점으로 유명하다. 에스컬레이터가 천천히 움직이고 키 작은 노인들을 위해 계단의 손잡이가 낮게 설치돼 있다. 노인들이 선호하는 생활용품이 많고 무료 셔틀과 배달 서비스도 하고 있다.

하지만 일본 정부의 정책이 나오기 이전부터 정년을 70세로 하거나 아예 정년을 없앤 기업들이 적지 않다. 주로 기술을 보유한 숙련 노동자를 대상으로 한 경우가 많다. 에어컨 제조업체인 다이킨 공업은 시니어 직원을 위한 유연근무제를 적극 도입하고, '시니어 스킬 스페셜리스트'라는 제도를 통해 70세 이상 고령자도 계속 일할 수 있는 등 친고령자 채용의 모범 사례로 꼽힌다. 실제로 일본의 가전제품 판매점 '노지마(Nojima)'는 근로자의 고용계약 상한 시기를 65세에서 80세로 연장했다.

일본 시니어의 창업은 대개 '로 리스크, 로 리턴(Low Risk, Low Return)'형 기업이다. 대부분 1인 기업이 많고 사무실은 공유 오피스를 이용하면서 고정비를 최소화한다. 사회공헌형 비즈니스로 NPO(Non Profit Organization) 법인을 설립하는 것도 평생 현역 일자리로 전국에 4만 개가 넘는다.

중장년의 관심사에 맞는 프로그램도 지원한다. 미국은퇴자협회(AARP)는 창업에 관심 있는 이들을 위해 '앙코르 이니셔티브'(Encore Initiative)을 운영한다. 50세 이상 예비 창업자를 위해 온라인 수업, 워크숍, 업무 관련 네트워킹 등 다양한 지원을 한다. 특히 중장년 여성들을 위한 프로그램도 개설한다. 예를 들어 50세 이상 여성 10~15명을 대상으로 일주일에 한 번씩 경제 및 마케팅 지식, 자영업 상식과 관련된 교육을 한다. 미국은 중장년을 대상으로 다양한 일과 학습의 연계가 이루어지고 있다. 경제적 도움이 필요한 이들에게는 지역사회 고용 프로그램을 지원하고, 일을 통해 자아실현을 하고자 하는 이를 위해서는 이제껏 쌓은 역량을 발휘하여 일할 기회를 제공했다. 은퇴 이후에도 삶의 재미와 의미를 추구하는 다양한 학습 기회를 제공하는 것이다.

젊은 연령층이 주로 이용하는 공간도 시니어를 대상으로 마케팅을 펼치거나 시니어들이 이용하기 편하도록 탈바꿈되고 있다. 대표적인 예는 미국의 CCRC(Continuing Care Retirement Community)인 레저월드다. 'CCRC'란 은퇴한 시니어가 모여 살면서 문화생활 등을 공유하는 대규모 공동체 주택단지. 미국 메릴랜드에 있는 248만 제곱미터(약 75만 평) 규모의 커뮤니티인 레저월드에는 약 1만 명에 가까운 55세 이상의 은퇴자가 거주하며 함께 골프, 수영 등 취미를 즐기고 종교 예배 등 소모임 활동을 한다.

또한 베이비부머는 집을 팔고 노후자금을 만드는 추세이다. 온라인 부동산 정보업체 리얼터닷컴의 설문조사에서 베이비부머 세대 중 12%는 앞으로 1년 안에 집을 팔겠다는 계획을 밝혔다. 전체 세대 중 가장 높은 비율로 대부분의 베이비부머 세대는 주택 처분 후 관리가 편한 아파트 임대 등을 계획 중이었다. 일부 시니어들은 규모가 작은 집으로 옮길 계획도 있고, 일부는 주택 처분으로 마련된 자금으로 조기 은퇴를 꿈꾸고 있다. 이제 '시니어 시프트'가 전 세계의 메가트렌드가 될 전망이다.

시니어 시프트 – 국내 동향

시니어가 경험하는 것이 결국 시장을 만든다

이제 신생아보다 사망자가 늘어나는 시대가 되었다. 지난 2020년 통계 작성 이래 최초로 대한민국은 인구 자연감소에 들어갔다. 한 해 출생하는 신생아보다 사망자 수가 더 많아진 것이다. 또한 80세 이상 주민등록 인구가 처음으로 200만 명을 돌파했다. 2015년 140만 명 수준이었던 80세 이상 인구는 매년 폭발적으로 증가했다. 우리 나라 인구 변화의 핵심은 고령화다. 세계에서 가장 빠른 속도로 고령화되고 있다.

하나은행의 하나금융경영연구소는 2019년 1월부터 2020년 12월까지 총 2년간 자사의 신용카드와 체크카드 기준 온라인 결제 데이터를 분석한 보고서를 통해 연령대별 상위 10개 소비 분야의 순위에 변화가 발생했다고 밝혔다.

코로나19 여파로 인해 가정에서 머무는 시간이 늘어나고 재택근무와 온라인을 통한 교육과 미팅 등이 증가하면서 40대 이하 모든 연령층에서 전기·전자제품의 순위가 상승했다. 또한 외식보다 집에서 해 먹는 횟수가 높아지며 20~50대 전 연령층의 음식 배달

앱 결제 규모 순위도 상승세를 보였다. 지난해 전체 온라인 카드 결제 규모는 전년 대비 약 35% 증가했으며, 60대 이상의 결제 금액이 55% 증가했다. 결제 건수도 60대 이상이 71% 증가했으며, 50대는 62%, 40대는 52% 증가한 것으로 분석됐다.

전체 온라인 카드 결제 규모를 30대 이하와 40대 이상으로 나누어 살펴보면, 지난해 30대 이하 연령층은 결제액이 전년 대비 약 24% 증가했지만 40대 이상 중장년층은 약 49% 증가했다. 특히 디지털 환경에 익숙한 50~60대 액티브 시니어가 새로운 소비의 주역으로 떠오르고 있다.

시니어 배우 전성시대

윤여정은 영화 〈미나리〉로 피닉스 비평가협회 여우조연상 등 30관왕을 차지했고, 한국 배우 최초로 아카데미 여우조연상을 수상하는 쾌거를 이뤘다. 특히 tvN 〈윤스테이〉에서는 센스 넘치는 활약으로 독보적인 존재감을 자랑했다. 손님들을 대할 때의 온화한 미소는 물론 그들의 농담까지 받아칠 줄 아는 유쾌한 입담으로 외국인 손님들과 시청자들까지 출구 없는 윤여정의 매력에 퐁당 빠졌다.

tvN 월화드라마 〈나빌레라〉는 나이 일흔에 발레를 시작한 '덕출'과 꿈 앞에서 방황하는 스물셋 발레리노 '채록'의 성장을 그린 웹툰을 원작으로 만든 사제 듀오 청춘기록 드라마다. 박인환은 극중 삶의 끝자락에서 가슴 깊이 담아뒀던 발레의 꿈을 꺼내 든 은퇴한 우편배달원 '심덕출' 역을 연기하면서 나이 일흔에 꿈을 향한 도전으로 감동을 전했다. 실제 6개월간 발레 레슨을 받았다는 박인환은

"발레를 해야 하기 때문에 쉽지 않은 결정이었지만 '이때 아니면 언제 해보겠느냐'고 생각했다. 이 작품을 통해 우리 연배 사람들에게 '할 수 있다'는 용기를 줄 수 있으면 좋겠다"며 끊임없이 도전하고 노력을 멈추지 않는 대배우의 연기 열정이 돋보인다.

유튜브에서 활발히 활동하는 스마트 시니어가 늘어난다

시니어 유튜버로 활동하는 사람들은 유명한 '박막례 할머니' 외에도 많다. 유튜브 채널 '성호육묘장'은 충청남도 천안시의 67세 농부 안성덕 씨가 농사 경력 50년의 노하우를 공유하며 구독자 38.3만 명을 넘어섰다. 특히 두더지와 관련된 영상은 802만 회라는 폭발적인 조회 수를 기록했다. 유튜브 채널 〈영원씨티브(01seeTV)〉를 운영하고 있는 김영원 할머니는 올해 나이 83세다. 현재 유튜브 구독자 36만 4,000명을 보유하고 있으며 젤리, 치킨, 떡볶이 먹방 등으로 시청자들의 눈길을 끌었다. 34년 판사 생활 동안 대법관을 역임한 70세 박일환의 '차산선생법률상식' 채널은 '전직 대법관 유튜버의 악플 읽기', '수기로 판결문 작성하던 시절' 등 법조로 특화되었다. 이와 같이 소비 수준이 높고 온라인과 모바일 소비활동을 활발히 하는 '스마트 시니어(smart senior)'가 늘고 있다. 스마트 시니어는 대략 700만 명에 이르는 베이비붐 세대로 활동적이면서 신체적으로 건강한 편이다. 사회참여와 자아실현 의지도 강해 스스로 노인 세대와 거리를 두는 경향도 보인다. 청년기에 경제 성장기와 민주화 시기를 거쳤고 이전 세대보다 높은 교육수준을 바탕으로 배움에 대한 열의, 사회에 기여하려는 의지도 강하다. 이들이 각 분야에서 일군 전문성과 경험은 우리 사회의 중요한 자산이다.

시니어 고객자문단이 생겨나고 있다

KB국민은행은 55세 이상 시니어 고객 12명을 선정, 시니어 고객 패널 제도인 'KB골든라이프 고객자문단'을 운영하고 있다. 시니어 고객을 위한 큰 글씨 뱅킹 서비스인 '골든라이프뱅킹'의 금융거래 기능을 개선해 고객의 이용 편의성을 향상한 바 있다.

SK브로드밴드는 고객이 들려주는 생생한 목소리에 집중하면서 반복적으로 발생하는 'VOC(Voice of Customer, 고객의 소리)'를 최우선으로 개선하기 위해 고객만족 경영에 집중하고 있다. 이를 위해 2014년부터 운영 중인 고객자문단은 미디어 신소비층인 '4050 장년층'과 '시니어' 등으로 구성돼 있다. 이처럼 세대별로 다양하게 구성된 고객자문단의 신규 서비스 사전 체험, 개선점 발굴, 심층 인터뷰 등을 통해 고객의 의견을 수집해 실제 서비스에 반영 중이다. 특히 인터넷은행의 경우 모바일 뱅킹에 익숙하지 않은 고령층을 비롯해 금융 소외계층을 새로운 고객으로 끌어들이려고 안간힘을 쏟으며 오프라인 고객 접점 확대에 고심하고 있다.

시니어 시프트 시대
후반전에 유의해야 할 5가지

50대 이상부터는 어떻게 살 것인지 후반전 리스크를 생각해야 한다. 30~40대처럼 열심히 하기만 하면 결국 골병 들기 쉽다. 이제 버릴 것을 과감하게 버려야 하는 시기다. 삶에서 가장 경계해야 하는 것은 "누군가에게 의지하고 살아가는 것"이다. 그 누군가가 사라지면 결국 혼자 남는다.

1. 하루가 다르게 달라지는 몸 챙기기

질병은 노년에 필연적으로 따라올 수밖에 없다. 하루라도 젊었을 때 자기 몸을 챙기는 것이 중요하다. 제때 건강식으로 식습관을 들이고 꾸준히 몸을 움직여야 한다.

2. 충분한 준비로 지나친 욕망을 줄여가기

젊었을 때보다 충분한 준비로 전문성을 갖춰야 한다. 솔깃한 말이나 정보에 금융사기를 당하기 쉽다. 특히 오랫동안 알고 지내던 사람에게 당하는 경우가 의외로 많다. 시니어는 한번 넘어지면 다시 일어나기 힘들 수 있으니 철저한 준비가 필요하다. 지나친 욕망을 버리는 것이 관건이다.

3. 가장 소중한 사람들과 잘 지내기

시니어의 리스크 중에 가장 큰 것이 바로 황혼 이혼이다. 발생 빈도는 적을 수 있지만 발생할 경우 가장 치명적인 것이 반려자와의 이별이다. 재산 분할로 자산이 반으로 줄어들 뿐만 아니라 혼자가 된다는 것은 정신적 충격이 크다. 친구보다 반려자와 잘 지내는 것이 더 중요하다.

4. 세상의 소리 민감하게 듣기

나이가 들수록 입은 닫고 귀는 열어야 한다. 과거보다 지금 세상이 어떻게 변하는지 민감하게 느껴야 풍부한 경험을 활용할 수 있다.

5. 다른 사람을 도와가며 살기

누구나 남을 돕는 것은 귀찮고 힘들지만, 그것을 통해서 자신의 존재 의미를 찾을 수 있다. 남을 돕는 것이 사실은 나를 살리는 일이다.

참고문헌

· 권다희 · 임찬영, 〈고령화는 경제 악재?…'뉴실버 세대' 새로운 큰손 됐다〉, 머니투데이, 2021. 03. 07.

· 김동현, 〈"온라인 마케팅 자문 받아 전략 수립"…탤런트뱅크, 시니어 전문가–中企 연결〉, 한국경제, 2021. 07. 29.

· 김웅철, 〈일본 단카이 세대들의 '은퇴 후 10만 시간' 활용법〉, 미래에셋투자와연금센터, 2017. 12. 26.

· 박성준, 〈[늙어가는 대한민국] 스마트 뉴실버세대… 실버산업도 디지털화〉, 아주경제, 2021. 09. 08.

· 서영아, 〈서영아의 100세 카페 "노인 대접 받을 생각 없소" '젊은' 일본 단카이 세대의 지혜〉, 동아일보, 2021. 01. 31.

· 신영은, 〈'나빌레라' 박인환X'윤스테이' 윤여정, 시니어 배우 전성시대〉, 매일경제, 2021. 03. 25.

· 양은영, 〈시니어 교육 뒤…좋아하는 일로 사회참여 '인생경로 전환'〉, 한겨레, 2020. 10. 19.

· 오현승, 〈'고령사회' 가속화…은행권, 고령층 서비스 확대 잰걸음〉, 세계비즈, 2021. 04. 13.

· 조아라, 〈[보복 소비가 몰려온다] 백신 접종 끝낸 일본 시니어 세대, 억눌렸던 소비 움직임 본격화〉, 아주경제, 2021. 07. 28.

Part 3

How

업종별
채용 트렌드 현황

Job Trend

지금 당장 어떻게 할 것인가?

●

고용시장 환경의 변화, 채용 트렌드의 흐름, 미래 일자리 창출 등 코로나 팬데믹이 우리의 삶과 일을 재구조화하는 데 영향을 미치면서 기업들의 '일하는 방식'까지 바꾸었다. 우선 채용에서 '일하는 속도'가 빨라지고 있다. 채용 트렌드를 알면 조직의 변화가 한눈에 들어오고 업무를 수행하는 방식이 달라질 수 있다. 급변하는 채용 트렌드를 숙지하고 취업 전략을 짤수록 합격률이 높아진다.

대한민국 기업은 지금 업종 변경 중

코로나19 쇼크로 대한민국 기업은 지금 업종 변경 중이다. 디지털 기술로의 전환이 빠르게 이루어져 생산과 소비, 유통 등 경제 전반에서 자동화·지능화를 통한 생산성 향상에 활용되었다. 코로나19 대응 과정에서 디지털 기술은 업종을 통합하고 디지털화로 강화되고 있다. 코로나19 이후 생산과 소비, 유통의 모든 영역에서 디지털화를 넘어 비대면 사회가 되고 있다. 코로나19 감염병 예방을 목적으로 도입된 원격근무가 한시적으로 확대되고 있으나, 향후 디지털 기반의 대기업 및 고임금 직종을 중심으로 원격근무가 지속될 가능성이 커지면서 일자리와 노동구조에 새로운 불평등을 초래할 전망이다.

생산과 소비, 일의 방식과 노동구조, 해외로 떠났던 기업들이 자국으로 돌아오는 '리쇼어링(reshoring)' 현상, 기업 인수·합병, 제휴 전략 등을 활용하여 사업 단위를 새롭게 구축하는 '리스트럭처링(restructuring)', 비용, 품질, 서비스, 신속성 등 기업의 핵심적 성과에서 혁신적인 개선을 추구하고자 하는 '리프로세싱(reprocessing)', 새로운 역할을 수행하기 위해 새로운 기술을 배우는 '리스킬(reskill)'

등 과거의 업무 성격을 벗어나 기업의 미래를 좌우하는 전략적 수단으로 격상될 수 있는 기회를 맞고 있다. 디지털 기술 도입, 직원 경험 강화, 인력 리스킬 등을 통해 채용 프로세스 혁신을 해야 하는 시점이다.

2021년 코로나19 장기화에 따른 기업의 채용 수요가 급감하고 있으며, 메타버스 사회가 되면서 더욱더 '실제 경험(practical experience)'이 핵심 키워드로 자리 잡고 있다. 한국은행은 최근 경제성장률을 2021년 4.0%, 2022년 3.0% 수준으로 기존 전망치를 유지했다. 코로나19 4차 확산세로 민간 소비 회복 흐름이 주춤해졌지만 백신 접종이 확대되고 추경예산 집행 효과 등으로 점차 경기 흐름이 개선될 수 있다고 판단했다. 최근 코로나19 재확산으로 증가세가 일시 둔화할 수 있으나 백신 접종 확대와 경제활동 제한 완화가 시작되면 증가 폭이 점차 확대될 전망이다. 한국은행에 따르면 취업자 수는 2021년 20만 명, 2022년 24만 명으로 증가한다고 전망했다. 설비투자는 글로벌 경기 회복에 힘입어 견조한 흐름을 이어가고 건설투자도 점차 회복할 것으로 전망된다. 상품 수출은 주요국의 경기회복 등으로 양호한 흐름을 보일 것으로 예상된다.

위드코로나 시대에 구인 기업은 채용에서 퇴직까지 구직자에게 어떤 실제 경험을 줄 것인가 고민해야 하는 시점이다. 차별화된 채용 전략 수립의 필요성이 증대되고 있다. 구직자는 업종별 채용 트렌드를 파악하고 실제 경험이 녹아 있는 취업 전략이 필요하다. 2022년 기업의 채용 트렌드를 면밀하게 살펴봐야 한다. 이제 하나의 업종에서 여러 업종으로 통합되고 있다. 기업의 산업 동향, 기업

258

정보, 직무별 수행 능력에 대한 이해도를 높여야 한다. 업종이 변하는 이유는 업(業)을 둘러싸고 있는 환경 요인들이 변하기 때문이다. 따라서 어떠한 환경 요인들이 업에 직간접적으로 영향을 미치는지 알아야 한다. 경제 환경, 기술, 소비 니즈, 산업구조, 정부 정책 등이 업종의 변화를 견인하고 있으므로 자신이 지원하는 회사가 어떤 사업을 하는지 알아야 하는 것이다.

코로나19 확산으로 호전된 모습을 보이면서 2021년에는 업종별 채용이 더욱더 양극화되었다. 문화·미디어와 금융·보험, 외식·식품가공 등의 서비스업 채용 계획은 전년 대비 더 감소되고 있는 반면, IT·정보통신, 전자·반도체, 기계·금속, 조선·중공업 등 채용 계획의 상승 폭이 가장 높았다. 인크루트가 기업 814곳의 인사 담당자를 대상으로 조사한 결과 2021년 하반기 신입사원 업종별 채용 계획에서 2020년보다 상승 폭이 가장 높았던 분야는 IT·정보통신(77.1%)으로 작년 동기 대비 16.0%p 올랐다. 뒤이어 에너지와 중공업, 화학 분야에서도 채용 계획의 회복세가 보였다. 에너지·전기·가스(50.0%)는 전년 대비 11.7%p, 전자·반도체·컴퓨터·하드웨어(73.2%)는 9.9%, 정유·화학·섬유(61.9%)는 9.7%p, 기계·금속·조선·중공업(56.4%)도 8.4%p 오르며 2019년 채용 계획 수준에 근접한 것으로 확인됐다.

코로나19 수혜 업종으로 분류되는 유통, 운수 또한 올해 하반기 채용 계획을 긍정적으로 세웠다. 유통·물류(62.9%)는 전년 대비 6.7%p 오름과 동시에 코로나19 상황보다 호전된 모습을 보였다. 운수·육상·해상운송(66.7%)도 작년 조사 대비 7.5%p 올랐다. 코로나19 쇼크로 2020년 조사에서 20%p 가까이 하락했던 건설·토목·부동산·임대업(52.5%)은 이번 조사에서 5.8%p 상승, 의료·간호·보건·의약(62.8%)의 채용 계획은 작년 조사 대비 올해 2.8%p 올랐다.

코로나19 쇼크로 2019년 75.6%에서 2020년 13.3%로 무려 62.3%p 떨어지며 업종 가운데 가장 큰 하락을 보였던 여행·숙박(20.0%)은 2021년 6.7%p 반등했다. 채용 계획이 정체 수준인 자동차·부품(30.8%)은 0.8%p, 의류·신발(40.0%)은 등락 없이 작년과 같았다. 이와 반대로 코로나19로 경기가 위축된 서비스업은 작년에 이어 올해 하반기 채용 계획도 부정적인 결과를 보였다.

경기에 큰 영향을 받는 업종인 문화·미디어·방송·광고·콘텐츠(27.3%)의 채용 계획은 코로나19 원년보다 -6.5%p, 금융·보험(57.7%)은 -6.4%p, 식음료·외식·식품가공(50.0%) 업종도 -3.1%p로 감소했다. 이 밖에 올해부터 조사 업종에 포함된 교육·강의는 74.0%, 예술·스포츠는 60.0%로 확인됐다. 업종을 막론하고 위드코로나 시대에 맞춰 빠르게 재편되고 있다. 재편의 핵심은 산업의 디지털 전환이다. 핀테크, 프롭테크 등 과거에 오프라인 위주였던 산업에서 디지털화가 빠르게 이루어지고 있어 향후 IT·AI 업종의 인력 수요가 더 집중될 것으로 보인다.

'2021년 하반기 주요 업종 일자리 전망'(한국고용정보원)에 따르면, 기계·전자·반도체·자동차·금융보험 업종 일자리는 증가하는 반면, 조선 업종 일자리는 감소할 것으로 예상된다. 섬유·철강·디스플레이·건설 업종은 고용 수준을 유지할 것으로 전망된다.

2022년에는 업종별 일자리 전망에서 희비가 갈릴 것으로 보인다. 2021년보다 증가 추세가 될 가능성이 전체적으로 높으므로 자신이 원하는 업종이라면 경기가 풀릴 때까지 기다리지 말고 우선 취직을 하는 것이 좋다.

JOB TREND
02

주요 업종별 채용 전망

---

1) 전자 업종 트렌드

2021년 전자 업종은 신제품 수요 증가, 코로나19에 따른 생활 패턴 변화, e-모빌리티 등 신규 수요 창출로 수출 증가세를 지속할 것으로 전망된다. 2021년 스마트폰 시장이 세계 전역에서 성장하며 5년 만에 스마트폰 생산이 성장세를 보일 것으로 예상되며 PC 시장은 비대면 수요가 지속되면서 두 자릿수 성장을 이어갈 전망이다. 이에 따라 전자 업종은 전년 동기 대비 고용이 증가할 것으로 예상된다. 2021년 하반기 고용 규모는 전년 동기 대비 3.0% 증가할 것으로 예상된다.

LG전자가 2021년 상반기 매출과 영업이익에서 사상 최고 실적을 기록했다. 적자인 휴대폰 사업을 종료하고 생활가전과 TV 판매

전자 업종 일자리 증감 추이

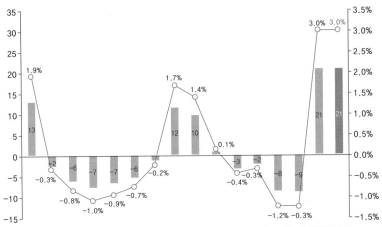

(단위 : 천 명, %)

일자리 증감(좌) ──○── 일자리 증감률(우)

가 늘어나 매출 70조 원, 영업이익 4조 원을 넘어설 것이라는 전망이 나온다. LG전자는 상반기 매출 34조 9,263억 원, 영업이익 2조 8,800억 원을 거뒀다. 사상 최고 실적으로, 전년 동기 대비 매출은 230.3%, 영업이익은 108.5% 늘어났다. 전장 사업의 외형이 나날이 성장하고 있는 가운데 원가 개선에도 역량을 집중하면서 2022년 흑자 전환을 달성한다는 전략이다. LG전자의 VS사업본부 직원 수는 4,744명으로, 2021년 전년 동기 대비 6.1% 증가했다. MC사업 직원은 3,348명에 달했다. 이 중 약 75%가 내부 사업본부로 재배치됐으며, 나머지는 국내 타 계열사로 이동했다. LG전자는 경쟁력이 악화된 휴대폰 사업을 접는 대신 생활가전과 TV 등 기존 핵심 사업에 역량을 집중하는 한편, 전장 등 미래사업 투자를 가속화한다는 전략이다. 특히 LG전자의 미래 핵심 사업으로 꼽히는 전장 부문은 올 상반기 매출 3조 7,784억 원을 기록, 전년 동기 대비 69.3% 성장하는 등 외형이 급격히 확대되고 있다. 이 기간 텔레매틱스, 차량용 오디오(AV), 비디오 내비게이션(AVN) 등 주요 제품들의 생산량은 964만 개에서 1,648만 개로, 1년 새 70.8% 급증했다.

2) 금융 및 보험 업종 트렌드

금융 업종도 코로나19 확산으로 인한 경제적 충격에서 회복세를 보일 것으로 예상된다. 은행 등 금융권은 금리 인상과 함께 수익성이 개선될 것으로 전망된다. 상반기와 마찬가지로 신규 예대 금리 차가 커지는 양상이 하반기에도 지속되어 대출금리 인상이 수익성 개선에 중요한 역할을 할 것으로 보인다. 증권업계는 2021년 하반기에도 주식 거래대금의 증가세가 지속하면서 수익이 증가할 것으로 전망된다. 수익성 개선, 기저효과의 영향으로 금융 업종은 전년 동기 대비 고용이 증가할 것으로 예상된다. 다만 구조조정이 계속되고 있는 금융업보다는 금융 및 보험 관련 서비스업을 중심으로 고용이 증가할 것으로 전망된다. 2021년 하반기 고용 규모는 전년 동기 대비 3.3% 증가할 것으로 예상된다.

금융 공기업들이 대규모 정기 신입 채용에 나서고 있는 가운데 시중은행들은 여전히 감감무소식이다. 이는 디지털 전환과 코로나19에 따른 비대면 확산으로 인력 수요가 감소했기 때문이다. 이에 따라 올해 하반기에는 은행에서 일부 디지털 분야에 대한 수시 채용만 있을 것이라는 관측도 나온다. 금융감독원, 한국은행, 예금

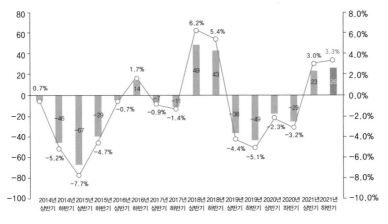

금융 및 보험 업종 일자리 증감 추이

(단위 : 천 명, %)

■ 일자리 증감(좌)　—○— 일자리 증감률(우)

보험공사, IBK기업은행 등 금융 공기업은 활발하게 정기채용 절차를 진행 중이다. 이달부터 필기시험과 면접을 치른 후 올해 연말 또는 내년 초에 최종 합격자를 발표할 예정이다. 금융 공기업의 하반기 신입 채용 규모는 약 700명에 이를 것으로 보인다. 특히 금융감독원은 하반기에 종합 직원(5급) 90명을 채용할 예정이고, IBK기업은행은 약 100명의 신입 행원을 채용할 계획이다. 실제로 시중은행들은 업무 효율화 측면에서 현장 영업점을 지속적으로 감축하고 기존 인력에 대한 희망퇴직도 꾸준히 진행하고 있다. 이 같은 기조 속에서 2020년 말부터 2021년 6월까지 5대 은행을 떠난 직원은 2,500여 명에 달하는 것으로 알려졌다.

264

3) 반도체 업종 트렌드

시장조사업체 가트너에 따르면 지난해 전 세계 반도체 시장의 매출은 4,183억 달러(약 516조 원)로 집계되었다. 이 가운데 메모리 반도체는 1,116억 달러(약 125조 원)로 26.7%를 차지한 반면, 시스템 반도체는 3,067억 달러(약 343조 원)로 73.3%의 비중을 보인다. 시스템 반도체 시장 규모가 메모리 반도체보다 3배 큰 것이다. 전 세계 반도체 시장은 전반적인 수요 개선으로 2021년에도 성장세를 보일 것으로 예상된다. 특히 메모리 시장은 초과 수요에 따른 가격 상승으로 큰 폭의 확대가 전망된다. 반도체 수요 증가에 따라 국내 반도체 업체의 수출은 2021년 전년 대비 18.7% 늘어날 것으로 예측된다. 또한 반도체 시황 개선과 함께 설비투자도 증가할 것으로 예상된다. 이처럼 생산과 투자가 증가함에 따라 반도체 업종의 2021

반도체 업종 일자리 증감 추이

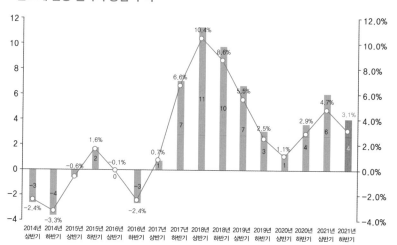

(단위 : 천 명, %)

년 하반기 고용 규모는 전년 동기 대비 3.1%(4,000명) 증가할 것으로 전망된다.

삼성전자의 2021년 상반기 고용 인원이 11만 명을 돌파하며 사상 최대치를 경신했다. 삼성전자는 반기 보고서를 통해 상반기 기준 고용 인원이 11만 1,683명이라고 공시했다. 이는 1년 전보다 5.3%(5,609명) 증가한 것이다. 삼성전자는 상반기와 하반기 공개채용과 수시채용을 진행하며 지속적으로 직원을 늘렸다. 특히 시스템 반도체와 반도체 위탁생산(파운드리) 등 반도체 분야에서 공격적으로 인재를 영입해 왔다. 삼성전자는 코로나19 여파에 따라 2022년에도 GSAT를 온라인으로 진행할 예정이다.

삼성전자는 2022년 대규모 채용에 나설 전망이다. 반도체·자율주행·로보틱스 같은 신사업 분야 인재를 경쟁사보다 먼저 확보하기 위해서다. DS(반도체) 부문 경력직 공채는 '3년간 240조 원 투자, 4만 명 채용'의 투자 계획에 따른 조치로 대졸 신입사원 공채와는 별개다. 경력직 공채의 경우 학사학위 보유자는 4년 이상 경력, 석사학위 보유자는 2년 이상 경력이 있어야 한다. 채용 분야는 DS 부문 내 메모리사업부, 시스템LSI사업부, 파운드리사업부를 중심으로 반도체연구소, 테스트앤시스템패키지(TSP) 총괄, 글로벌인프라 총괄, 데이터정보기술(DIT)센터, 생산기술연구소, 종합기술원, 부문 직속 등이다. 사실상 모든 반도체 관련 사업에서 인력을 충원하는 셈이다. 2021년 반도체 부문에서 신입·경력을 합쳐 5,400명을 채용했다. 메모리 반도체 시장에서 절대 우위를 유지하는 것은 물론 시스템 반도체에서 글로벌 1위로 도약하기 위해 대규모 인재 채용에 나서는 것이다. 삼성전자는 반도체 부문 경력 공채를 마치는 대로 신입사원 공채에도 나설 전망이다.

4) 디스플레이 업종 트렌드

글로벌 시장조사업체인 옴디아에 따르면, 2021년 글로벌 OLED 패널 매출은 380억 달러로 예측된다. 2021년 글로벌 디스플레이 시장은 프리미엄 OLED·IT 제품 수요 증가, LCD 가격 상승으로 전년 대비 26.9% 확대된 것으로 전망된다. 모바일·TV 시장에서 OLED 수요 증가와 폴더블폰, 롤러블 TV 등 프리미엄 제품 생산 확대로 시장 규모가 지속적으로 성장하고 모바일 수요 감소에도 LCD 가격이 상승하고 재택근무, 온라인 교육 등으로 인한 IT 제품 수요가 증가하면서 LCD 시장 규모도 커질 것으로 예상된다. 국내

디스플레이 업종 일자리 증감 추이

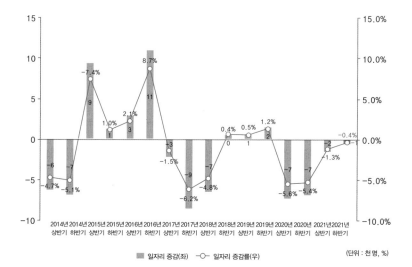

디스플레이 업종 역시 OLED 등 고부가가치 제품을 중심으로 수출이 증가할 것으로 보인다. 하지만 LCD 생산 설비에 대한 추가적인 투자가 이루어지지 않으면서 디스플레이 업종의 고용은 전년 동기와 비슷한 수준을 유지할 것으로 전망된다. 2021년 하반기 고용 규모는 전년 동기 대비 0.4%(1,000명) 감소할 것으로 예상된다.

한국에서 디스플레이 산업은 오랫동안 반도체와 함께 'IT산업의 꽃'으로 불렸다. 삼성과 LG 디스플레이는 2021년 하반기 중소형 유기발광다이오드(OLED) 생산라인에 7조 원 이상을 투자한다. 이는 중소형 OLED 수요 증가에 대비한 것으로, OLED '소재·부품·장비'(소부장) 등 후방 산업계 활성화가 주목된다. 중소형 OLED 분야에 삼성디스플레이는 3조 원대, LG디스플레이는 4조 원대를 하반기에 집행할 계획이다. 중소형 OLED는 스마트폰 디스플레이 시장에서 LCD를 대체하면서 성장했다. 특히 LCD를 고수하던 애플도 OLED로 전면 전환했다. 최근 중소형 OLED는 새로운 도약대에 진입하는 모습이다. 사용처가 스마트폰을 넘어 태블릿, 노트북PC로 본격 확대되고 있는 것이다. 화질·무게·디자인에서 LCD를 앞서고, 고가이던 가격도 격차를 좁히면서 태블릿·노트북PC 디스플레이로 OLED를 채택하는 사례가 늘고 있다. 델·아수스·삼성전자는 노트북에 OLED를 적극 탑재 중이며, 애플은 차기 태블릿에 OLED를 탑재할 것으로 알려졌다. 또 스마트폰용 OLED 크기가 5~6인치인 반면 태블릿과 노트북PC는 10인치에서 20인치에 이르기 때문에 중소형 OLED 시장은 지속 성장할 것으로 전망된다.

5) 자동차 업종 트렌드

    국내 자동차 업종은 2021년 상반기 반도체 수급 차질에도 불구하고 수출 호조 및 신차 출시 등으로 전년 동기 대비 생산이 증가했다. 하반기에는 반도체 수급 상황이 점차 개선되고 친환경차 판매 확대와 글로벌 판매 호조세 지속에 따라 수출이 확대되면서 생산 증가세를 이어나갈 것으로 전망된다. 이에 따라 2021년 하반기 고용 규모는 전년 동기 대비 1.6%(6,000명) 증가할 것으로 예상된다.

    현대자동차는 자율주행 · 로보틱스 같은 미래 기술을 다루는 연구 · 개발직 신입사원을 채용한다. 2019년 정기공채를 폐지한 뒤 사업부별 필요에 따라 수시로 신입 · 경력직을 선발해왔다. 이번에는 이전 공채에 버금가는 규모인 세 자릿수로 뽑을 예정이다. 채용 분야는 차량 개발 프로젝트 관리, 전동화 시스템 개발, 배터리 시스

자동차 업종 일자리 증감 추이

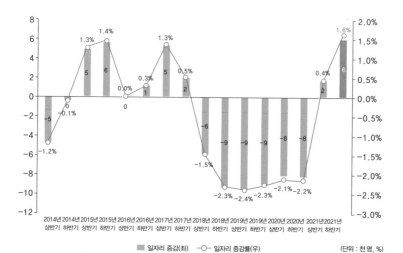

템 개발, 자율주행 개발 등 총 19개다. 현대자동차는 이틀간 메타버스 앱 개더타운을 활용해 가상공간에서 신기술 · 신차종을 소개하고 채용 상담 등 채용설명서를 진행한다.

6) 기계 업종 트렌드

코로나19 변이 바이러스 유행, 미 · 중 무역 갈등 지속 등 위험 요인이 있으나, 코로나19와 공존하는 방역으로의 전환에 따른 세계 경제 회복, 주요국의 경기부양책 등으로 하반기 기계 업종 경기는 개선될 것으로 전망된다. 또한 경기 회복을 위한 정부의 SOC 투자, 반도체 등 제조업 전반의 설비투자 확대로 국내 기계 수요 역시 증가할 것으로 보인다. 이에 따라 2021년 하반기 고용 규모는 전년 동기 대비 2.2%(1만 7,000명) 증가할 것으로 전망된다.

한국기계연구원에 따르면, 주요국의 제조업 PMI가 한목소리로 긍정적인 시장을 전망하고, 전년 9월 이후 생산 · 수출 증가율이 양전 후 지속세에 있다. 또한 백신 보급이 확대되며 주요국을 시작으로 경기부양을 위한 기반 투자가 확대될 것으로 전망된다. 단, 주요국의 급격한 정책 변화, 코로나19에 따른 비대칭적 경기 충격 등 글로벌 불확실성도 여전하기에 성장 폭이 크지는 않을 것이다. 정부의 탄소중립과 한국판 뉴딜 등 정부 정책이 산업계에 적용되면서 기계 산업이 회복세를 견인할지 귀추가 주목된다. 반도체 장비 등은 강한 성장세를 보이는 만큼 기계 산업에 활력을 불어넣을 것으로 기대된다. 업종별로 보면 반도체 장비는 전방 산업의 상승세에 힘입어 전년보다 더 성장할 전망이며, 플랜트 분야도 LNG 수요 회

기계 업종 일자리 증감 추이

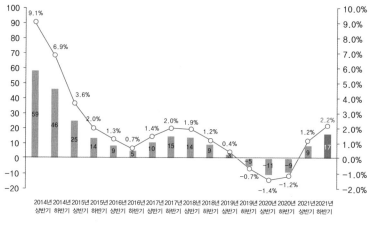

일자리 증감(좌)   　일자리 증감률(우)　(단위 : 천 명, %)

복에 따른 발주 확대로 전년 대비 성장이 예상된다. 2022년에는 메가트렌드와 정부 정책에 기인한 수요 증가에 힘입어 전년 대비 개선된 실적을 기대하고 있다.

7) 조선 업종 트렌드

2021년 상반기에는 선박 수송 운임이 회복되고 국제해사기구의 해상환경 규제 강화로 노후선의 조기 교체 압력이 높아지면서 신규 선박 발주량이 증가했다. 하반기에도 신규 선박 발주량 증가세는 계속될 것으로 예상된다. 상반기 주력 선종 발주 재개에 따른 집중 수주로 전 세계 수주 점유율 1위를 기록하며 성장세인 국내 조선업은 하반기에도 수주 증가세를 이어갈 것이다. 하지만 2020년 수주량 급감과 더불어 신규 선박 수주 증가에도 인력을 투입하는 시간이 소요되면서 조선 업종 고용 감소 폭은 줄어들지만 전년 동기 대비 감소세는 지속될 것으로 예상된다. 2021년 하반기 고용 규모는 전년 동기 대비 4.1%(4,000명) 감소할 것으로 전망된다.

2021년 조선업은 수주 측면에서는 전례를 찾기 힘든 호황을 누리는 중이다. 지난 7월까지 글로벌 신조선 발주량은 2,970만 CGT(표준화물선환산톤수)에 달한다. 이는 전년 동기 대비 3배 이상 증가한 수치다. 국내 주요 조선사(현대중공업·삼성중공업·대우조선해양·현대삼호중공업·현대미포조선)의 올해 1~7월 조선 및 해양 부문 누적 신규 수주는 286억 달러에 달한다. 이는 지난해 연간 신규 수주 213억 달러보다 34.2% 높은 수치이자 연간 수주 목표치의 86.9%에 달한다. 선박 발주 증가는 선박 수요 증가에서 기인했다. 백신 보급이 확대되면서 코로나19가 종식될 것이라는 전망이 부상하고 해상 물동량이 증가하면서 선가가 상승하고 있다는 분석이다. 지난달 27

조선 업종 일자리 증감 추이

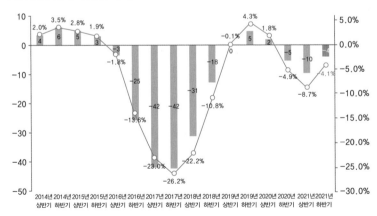

(단위 : 천명, %)

일 기준 신조선가 지수는 145.8포인트로 지난해 말(125.5포인트) 대비 16.1% 상승했다. 특히 중고선가 지수는 지난해 말(93.0포인트) 대비 79.6% 급등한 167포인트를 기록했다. 중고 선박의 가격이 신조 선박보다 빠르게 상승하면서 '이 돈이면 선박을 새로 발주하겠다'는 기조가 호황으로 작용하고 있는 셈이다.

8) 섬유 업종 트렌드

섬유 업종은 백신 보급 확대, 국가별 경기부양책 추진 등으로 글로벌 섬유 수요가 회복되면서 수출이 증가할 것으로 보인다. 의류 소비 회복으로 베트남 등 국가로의 섬유소재 수출이 증가하고, 자동차·친환경 관련 수요가 증가해 미국과 EU 등으로 산업용 섬유 수출도 증가할 것으로 예상된다. 내수 역시 보복 소비로 회복세를 보일 것으로 전망된다. 하지만 스마트 공장, 제조로봇과 같은 자동화 기술의 발전, 해외 아웃소싱의 확대, 국내외 코로나19 재확산에 따른 불확실성 등으로 인해 국내 섬유 업종 고용은 전년 동기 수준을 유지할 것으로 전망된다. 2021년 하반기 고용 규모는 전년 동기 대비 1.3%(2,000명) 감소할 것으로 예상된다.

섬유업계는 코로나19로 글로벌 패션 산업이 침체되면서 역사상 유례없는 최악의 시기를 겪었다. 하지만 마스크 착용과 홈트레이닝 문화 확대로 스판덱스 같은 특수 소재 시장은 괄목할 만한 성장을 했다. 한국무역협회 자료에 따르면 산업용·친환경 섬유의 글로벌 수요 증가, 중국 등의 내수 부양정책, 마스크 수출 호조 등이 기대된다고 전망한다. 산업연구원(KIET) 전망은 지난해 기저효과로 올해

섬유 업종 일자리 증감 추이

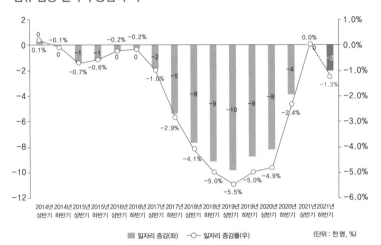

일자리 증감(좌)　　일자리 증감률(우)　　　　　　　　　(단위 : 천 명, %)

수출이 8.6% 증가할 것으로 예상했다. 하지만 국내 섬유 생산 기반 약화, 글로벌 경쟁 심화 등으로 섬유 생산은 1% 정도 늘어나고 내수는 1.6% 증가하는 데 그칠 것으로 분석했다.

9) 철강 업종 트렌드

철강 업종 시장은 경기 회복 기조가 지속되면서 코로나19 확산 이전 수준을 회복할 것으로 전망된다. 예상보다 빠르게 경기가 회복되면서 대부분 품목에서 2021년 명목 소비가 증가할 것으로 보인다. 하반기 전 세계적인 급격한 수요 증가로 인해 생산량도 증가할 것으로 예측되는데 국내 주요 철강사들 역시 개보수 일정을 연기하면서 생산 확대 기조를 이어갈 것이다. 생산이 회복세를 보임에 따라 철강 업종은 고용 감소세가 약화되고 전년 동기와 비슷한 수준의 고용을 유지할 것으로 예상된다. 2021년 하반기 고용 규모는 전년 동기 대비 0.1% 감소해 지난해 하반기 수준을 유지할 것으로 전망된다.

철강 업계가 오랜 부진을 뒤로하고 부활의 날갯짓을 펼치고 있다. '산업의 쌀'인 철을 생산하는 철강업계는 제조업 중심인 우리나라의 대들보 역할을 해왔지만 그동안 중국산 저가 철강 제품 수입 등의 문제로 수익성 악화에 골머리를 앓았다. 그러나 전 세계적인 백신 보급에 따라 세계 경제가 정상 궤도를 찾아가고 중국이 자국 생산 물량 조절에 나서면서 국내 철강 업계는 공급이 수요를 못 따라가는 상황이 됐다. 국내 철강 3사를 기준으로 올 상반기 영업이익 추정치는 4조 3,888억 원에 달한다. 현실화할 경우 역대 최대 실적을 넘는 규모다. 그에 따라 인재 채용도 활기를 띠고 있다.

포스코는 상반기 공채를 진행한 데 이어 하반기도 공채를 진행할 것으로 보인다. 포스코는 예년대로 8월 이후 가을 졸업 시즌에 맞춰 채용 절차를 시작할 전망이다. 취업 준비생들을 위해 지원 직무별 선배사원이 직접 포스코 취업 및 회사 생활에 대한 팁을 상담해주는 랜선 리크루팅을 실시하고 회사 SNS에 '기업시민', '스마트 팩토리', 'ESG경영' 등 회사의 강점과 신입사원들의 회사 적응기 등 다양한 채용 관련 콘텐츠를 게재할 계획이다. 채용 전형은 서류 심사, 인적성검사, 1차 면접, 2차 면접 등 4단계로 진행된다. 먼저 서류 심사에서는 지원 동기, 성격과 생활신조, 성장 비전 등을 살핀다. 그룹사 간 중복 지원은 불가능하다. 인적성검사(PAT)에서는 객관적이고 공정한 기준으로 지원자의 직무 기초 역량과 창의력 및

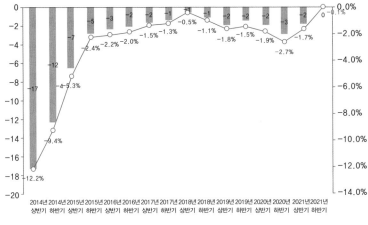

인성을 평가하고, 1 · 2차 면접에서는 지원자의 가치관과 직무 역량 수준을 종합적으로 평가한다.

10) 건설 업종 트렌드

2021년 하반기 건설 수주는 전년 동기 대비 감소할 것으로 예상된다. 상반기에는 토목, 건축 수주가 모두 전년 동기 대비 증가했지만 하반기 건설 수주 규모는 전년 동기 대비 다소 감소해 조정되는 양상을 보일 것으로 전망된다. 다만 토목 건설 수주는 공공 부문 수주를 중심으로 증가할 것으로 예측된다. 반면 건설 투자는 회복세를 보일 것으로 예상된다. 2021년 상반기 건설 투자는 전년 동기 대비 소폭 감소했지만 하반기에는 2020년 위축되었던 주거용, 비주거용 건축 투자가 회복되면서 전년 동기 대비 증가할 것이다. 건설업 고용은 전년 동기와 비슷한 수준을 유지할 것으로 전망된다. 상반기에는 전년 동기 대비 큰 폭으로 고용이 증가했지만 하반기에는 증가 폭이 줄어들 것으로 예상된다. 2021년 하반기 고용 규모는 전년 동기 대비 1.4%(2만 8,000명) 증가할 것으로 전망된다.

한국건설산업연구원의 '건설동향브리핑'에 따르면, 건설 경기는 건설투자의 비중 축소에도 불구하고, 2030년까지 연평균 증가율은 마이너스(-)를 기록하지 않을 것으로 예상된다. 이는 우리나라의 건설산업이 적어도 2030년까지는 여전히 산업 수명주기상(Industry Life Cycle) 성숙 국면을 유지한다는 것을 의미한다. 정부가 국가균형발전 프로젝트 등 투자 활성화 대책을 잇달아 발표하고, 착공 전 절차를 감안할 때 2022년 이후 건설 경기는 민간부문의 건설 경기가 바닥을 다지는 가운데, 공공부문을 중심으로 점진적인 회복 국면에 진입할 것으로 예상된다. 3기 신도시, 국가 균형발전 프로젝트 등 대규모 공공 프로젝트의 일정과 과거 건설 경기의 대순환 주기가 약 10년 정도였던 것을 감안하면, 2022년 점차 회복 국면에 접어든 건설 경기는 2020년대 중후반에 고점을 형성할 가능성이 큰 것으로 전망된다.

국내 건설업계에 메타버스 '열풍'이 일고 있다. 건설사들이 메타버스 기술을 안전교육은 물론 채용설명회, 분양 행사 등 다방면으로 활용하고 있기 때문이다. 코로나19 확산으로 비대면이 주목받는 가운데 VR(가상현실)과 AR(증강현실)이 결합된 3차원의 가상세계에 건설사들이 주목하고 있다. GS건설이 국내 최초로 메타버스를 기반으로 안전교육 콘텐츠를 개발한다. GS건설은 최근 벤타브이알과

건설 업종 일자리 증감 추이

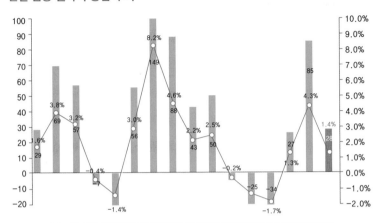

(단위 : 천 명, %)

■ 일자리 증감(좌)　─○─ 일자리 증감률(우)

메타버스 플랫폼을 기반으로 스마트 안전보건 교육 콘텐츠 공동 개발을 위한 업무 협약을 체결했다. 건설 재해를 예방하고 시대가 요구하는 안전보건 교육 수요에 대응하고자, 미래 지향적 VR 안전교육 콘텐츠를 개발하는 데 상호 협력하기로 했다. 건설업과 관련된 위험작업 특별교육, GS건설 필수안전수칙, 사고 유형별 영상 등 다양한 콘텐츠를 VR 기술을 활용해 개발할 예정이다.

현대엔지니어링은 메타버스 플랫폼에 본사를 그대로 재현했다. 이곳에 현대엔지니어링의 역사, 조직문화 코드, 조직문화 응원 및 제안 게시판, 게임·보물찾기 등 이벤트를 담았으며, 본사뿐만 아니라 국내·해외 현장에 근무하는 임직원들도 쉽게 접근해 새 조직문화를 체험할 수 있도록 했다.

롯데건설은 신입사원 채용설명회를 메타버스 플랫폼인 개더타운에서 진행했다. 롯데월드타워와 롯데캐슬을 배경으로 가상세계를 구현, 화상대화를 통한 상담, 채용 정보 등 프로그램을 제공했다. 중요한 거래와 계약 역시 메타버스 방식이 활용되고 있다.

참고문헌

· 배옥진, 〈21 · 22년 잠재성장률 2. 0%로 하락…"코로나19 상흔 회복 필요"〉, 전자신문, 2021. 08. 26.
· 박재영, 〈삼성전자 고용 11만명 돌파〉, 매일경제, 2021. 08. 17.
· 서종갑, 〈다시 뜨는 철강산업…채용문도 활짝〉, 서울경제, 2021. 07. 01.
· 윤원섭, 〈"취준생 한숨 소리 깊어간다"…하반기 시중은행 채용 깜깜 무소식〉, 매일경제, 2021. 08. 15.
· 윤진우, 〈"반도체 인재 또 뽑는다"… 삼성, 상반기 이어 하반기 대규모 채용〉, 조선비즈, 2021. 09. 07.
· 이성진, 〈휴대폰 접은 LG, 전장사업 '흑자전환' 역량 집중〉, 뉴데일리경제, 2021. 08. 23.
· 이요행 외, 《2021년 하반기 주요 업종 일자리 전망》, 고용정보원, 2021.
· 이윤재, 〈[섬유] 급변하는 통상환경 韓섬유산업 도약 기회〉, 매일경제, 2021. 01. 01.
· 이영웅, 〈건설업계, 메타버스 '열풍'…안전교육 · 채용 · 분양 곳곳에 적용〉, 아이뉴스 24, 2021. 09. 02.
· 이재빈, 〈돌아온 1등 조선주 현대중공업…주목해야 할 호재 · 악재는〉, 아주경제, 2021. 09. 05.
· 윤건일, 〈삼성디스플레이 · LGD, 중소형 OLED 투자 나선다…하반기 7조 이상 투입〉, 전자신문, 2021. 07. 21.
· 전지은, 〈건설 경기 2022년 이후 회복국면 전망…2030년까지 성숙기 지속〉, 라펜트, 2020. 07. 01.
· 조상록, 〈올해 기계산업, 코로나19 딛고 반등…반도체 장비가 주도〉, 헬로티, 2021. 02. 09.
· 한국산업기술진흥원, 2021 하반기 주요 업종 일자리 전망, 고용정보원, 2021.07.31.